Afonso Murad
Émilien Vilas Boas Reis
Marcelo Antônio Rocha
(ORGS.)

ECOLOGIA
e DEMOCRACIA

Múltiplos olhares

Realização:

 JESUÍTAS BRASIL

Dados Internacionais de Catalogação na Publicação (CIP)
Angélica Ilacqua CRB-8/7057

Ecologia e democracia: múltiplos olhares / organizado por Afonso Murad, Émilien Vilas Boas Reis, Marcelo Antônio Rocha. – São Paulo : Paulinas, 2022.
200 p. (Faculdade Jesuíta)
Bibliografia
ISBN 978-65-5808-153-1

1. Ecologia humana 2. Democracia 3. Sociedade 4. Meio ambiente I. Murad, Afonso II. Reis, Émilien Vilas Boas III. Rocha, Marcelo Antônio

22-1494   CDD 261.8362

Índice para catálogo sistemático:
1. Ecologia humana

1ª edição – 2022

Direção-geral:	*Flávia Reginatto*
Editora responsável:	*Marina Mendonça*
Copidesque:	*Mônica Elaine G. S. da Costa*
Revisão:	*Equipe Paulinas*
Gerente de produção:	*Felício Calegaro Neto*
Capa e projeto gráfico:	*Tiago Filu*
Conselho editorial:	*Andreia Schweitzer*
	Antônio Francisco Lelo
	Fabíola Araújo
	João Décio Passos
	Marina Mendonça
	Matthias Grenzer
	Vera Bombonatto

Nenhuma parte desta obra poderá ser reproduzida ou transmitida por qualquer forma e/ou quaisquer meios (eletrônico ou mecânico, incluindo fotocópia e gravação) ou arquivada em qualquer sistema ou banco de dados sem permissão escrita da Editora. Direitos reservados.

Paulinas
Rua Dona Inácia Uchoa, 62
04110-020 – São Paulo – SP (Brasil)
Tel.: (11) 2125-3500
http://www.paulinas.com.br – editora@paulinas.com.br
Telemarketing e SAC: 0800-7010081
© Pia Sociedade Filhas de São Paulo – São Paulo, 2022

Sumário

Siglas e abreviaturas 7
Apresentação 9
Prefácio 11
Elton Vitoriano Ribeiro

CAPÍTULO 1
Democracia: dimensões e desafios 15
Elton Vitoriano Ribeiro
Cláudia Maria Rocha de Oliveira

CAPÍTULO 2
Bens comuns e ecodemocracia: leitura teológica interdisciplinar 39
Afonso Murad
Leopoldo Santiago Mazón

CAPÍTULO 3
Democracia e crise ecológica: considerações
sobre as possibilidades do desenvolvimento sustentável 69
Émilien Vilas Boas Reis
Marcelo Antônio Rocha

CAPÍTULO 4
Teologia pública e cidadania planetária:
apontamentos introdutórios 99
Carlos Alberto Motta Cunha

CAPÍTULO 5
Democracia e justiça: considerações sobre o processo democrático .. 123
Carlos Henrique Soares

CAPÍTULO 6
Infâncias e o direito à cidade 147
Túlio Campos

CAPÍTULO 7
Condições para reconhecimento dos Direitos
da Natureza pelo Direito: considerações preliminares..................... 169
Mariza Rios

Posfácio.. 191
Carlos Henrique Soares

Sobre os autores e autoras.. 193

Índice onomástico.. 197

Siglas e abreviaturas

CA	Carta Encíclica *Centesimus Annus*
CDSI	*Compêndio da Doutrina Social da Igreja*
CF	Constituição Federal
DSI	Doutrina Social da Igreja
FAJE	Faculdade Jesuíta de Filosofia e Teologia
GS	Constituição Pastoral *Gaudium et Spes*
GT	Grupo de Trabalho
IBGE	Instituto Brasileiro de Geografia e Estatística
IPCC	Painel Intergovernamental sobre Mudanças Climáticas
LS	Carta Encíclica *Laudato Si'*
MM	Carta Encíclica *Mater et Magistra*
ONGs	Organizações Não Governamentais
ONU	Organização das Nações Unidas
PNAD	Pesquisa Nacional por Amostra de Domicílios
PIB	Produto Interno Bruto
PT	Carta Encíclica *Pacem in Terris*
QA	Carta Encíclica *Quadragesimo Anno*
RN	Carta Encíclica *Rerum Novarum*
UNESCO	Organização das Nações Unidas para a Educação, a Ciência e a Cultura

Apresentação

Este livro é resultado das discussões propostas e realizadas pelo Grupo de Trabalho "Direitos Humanos e Justiça Ambiental", formado por professores da FAJE (Faculdade Jesuíta de Filosofia e Teologia), da Dom Helder (Escola Superior Dom Helder Câmara) e da PUC MINAS (Pontifícia Universidade Católica de Minas Gerais). O Grupo de Trabalho surgiu em 2018, na FAJE, a partir da união dos seguintes Grupos de Pesquisa: "Fé cristã e contemporaneidade" (Teologia/FAJE, Profs. Afonso Murad e Sinivaldo Tavares, e Teologia/PUC MINAS, Prof. Carlos Cunha), "Desafios de uma ética contemporânea" (Filosofia/FAJE, Profs. Elton Ribeiro e Cláudia Oliveira) e "Por uma Justiça Ambiental" (Direito/Dom Helder, Profs. Émilien Reis e Marcelo Rocha).

Os textos publicados no livro representam a perspectiva dos autores sobre os problemas ambientais atuais e o modo como a crise ambiental afeta de forma negativa a vida das pessoas, constituindo grave violação dos direitos humanos e riscos à democracia. Trata da análise jurídica, filosófica e teológica das repercussões sociais da destruição da natureza e do meio ambiente, e apresenta sinais de esperança, pois constata um crescimento, embora minoritário, da consciência planetária: somos filhos e filhas da Terra e responsáveis para que ela continue habitável para nós e as futuras gerações.

Sua relevância está na abordagem multidisciplinar da crise ecológica na qual estamos imersos e alimentando todos os dias, cujas consequências nos são ainda desconhecidas em toda sua extensão e repercussão. Tal situação é marcada também pela crise democrática brasileira, com a ampla desregulamentação ambiental, o enfraquecimento dos órgãos de fiscalização do meio ambiente e os recordes de queimadas (criminosas) na Amazônia e no Pantanal, com o consequente extermínio de microrganismos, plantas e animais. As queimadas geram uma grande quantidade de emissão de gases de efeito estufa, colocando o Brasil como um dos países que mais contribuem para o aquecimento global. Além disso, ainda vivemos sob os riscos e as consequências do rompimento de barragens, da poluição das águas e destruição de mananciais e recursos hídricos, do uso irrestrito de agrotóxicos de alto potencial de danos à saúde, do desmatamento criminoso em todos os biomas, da grande produção de lixo e da violência no campo. Não há o que comemorar. Diante da desolação ambiental, somos instados a exercer a nossa cidadania e lutar pelo nosso direito fundamental ao meio ambiente ecologicamente equilibrado e à sadia qualidade de vida.

Todo livro tem pretensão de transformar o imediatamente dado, a realidade objetiva, ao propor novas narrativas sobre o que somos, o que gostaríamos de ser e o sentido do mundo. Este não é diferente! As explanações e as reflexões críticas apresentadas nesta obra convidam você, leitor(a), à lucidez que exige o compromisso com a luta pela afirmação dos direitos humanos e do respeito a todas as formas de vida. Trata-se de um convite democrático à afirmação da vida, ao florescimento humano e dos outros seres que habitam nossa casa comum.

Agradecemos o apoio incondicional dos queridos alunos, professores, funcionários e instituições que nos unem e nos inspiram.

Boa leitura!

Afonso Murad
Émilien Vilas Boas Reis
Marcelo Antônio Rocha
(Organizadores)

Prefácio

A vida em sociedade é constituída por uma grande complexidade de realidades. Todos os tipos de vidas e vidas humanas, desejos e aspirações, costumes e práticas, instituições sociais e jurídicas, valores e normas, imaginários sociais e crenças religiosas. Os conceitos explicativos dessas realidades poderiam multiplicar-se ao infinito. Dada essa pluralidade que constitui e tece as nossas redes de relações, um olhar único e direto seria não só empobrecedor como também muito limitado.

Diante desse emaranhado, complexo e bonito, no qual estamos inseridos, apenas múltiplos olhares podem nos ajudar a iluminar a realidade e vê-la em toda a sua exuberância. Essa tarefa, rica e desafiadora, sempre foi encarada pelo Grupo Interdisciplinar que reúne pesquisadores de várias áreas e instituições, e que agora nos apresenta mais este livro abrangente e iluminador. Com pesquisadores da Faculdade Jesuíta de Filosofia e Teologia (FAJE), da Escola Superior Dom Helder Câmara (Dom Helder) e da Pontifícia Universidade Católica de Minas Gerais (PUC Minas), nos âmbitos do direito, da filosofia e da teologia, esse Grupo Interdisciplinar e Interinstitucional nos apresenta ao longo dos anos pesquisas em que a possibilidade de olhares distintos sobre as realidades nos enriquecem e questionam:

em 2019, "Tecnociência e Ecologia"; em 2020, "Direitos Humanos e Justiça Ambiental", e agora, em 2022, "Ecologia e Democracia". Múltiplos olhares – eis o princípio hermenêutico desse grupo. A palavra "hermenêutica" é muito rica em significados. Basicamente, podemos compreendê-la como a arte de interpretar, de narrar as vicissitudes e as particularidades da realidade, das situações, das vivências e dos conceitos. Na genial proposta de Paul Ricoeur, hermenêutica é interpretar a vida no espelho do texto; é buscar o sentido mais rico, mais elevado e mais humano; é aprender a olhar a realidade em sua inteireza e variedade. Ora, se cada um lê com o olhar que possui e interpreta a partir do lugar onde os pés pisam, então, todo ponto de vista é a vista de um ponto. Múltiplos olhares – quer dizer, multifacetados pontos de vista, diversas interpretações – não apenas ampliam nossos conhecimentos como também os tornam mais humanos, porque fazem jus à nossa realidade que insiste em extrapolar os conceitos excessivamente delimitados e as explicações rígidas.

Ecologia e democracia: realidades humanas e desafiadoras que estão contidas nestas duas palavras tão bem exploradas nos textos deste livro. Para pensar a ecologia é necessário um olhar múltiplo que supere a interpretação do ser humano como uma espécie dominante, isolada e separada do mundo, conquistadora e senhora de tudo e todos. Um olhar múltiplo que compreende a ecologia como espaço onde se realizam as condições ecossistêmicas, naturais e sociais para a continuidade da vida em um todo orgânico, não separando o social do ambiental, o humano do natural, o natural do cultural. Precisamos de olhares em que a reflexão acerca da ecologia, da justiça socioambiental e da democracia faça a diferença construtiva em nossa sociedade, especialmente, na gestação da estrutura básica da sociedade, na qual três cuidados são importantes: cuidado com a natureza, cuidado com a sociedade e cuidado com as pessoas.

Para pensar a democracia como projeto político e como valor social, também necessitamos de múltiplos olhares. A democracia, como nos ensina a etimologia da palavra, vem do grego *demos*, que significa "povo", e *cratos*, que significa "poder". Democracia é o poder do povo no governo dos próprios caminhos. Mas é mais do que isso, pois constitui um valor fundamental das sociedades contemporâneas. Para muitos, é a única possibilidade de uma sociedade onde cidadania e diretos humanos sejam, verdadeiramente, vivos e vividos. Aprofundar essa compreensão de democracia, sem múltiplos olhares, é enfraquecê-la e diminuí-la. A democracia precisa de todos.

Nas sociedades contemporâneas, ecologia e democracia são inseparáveis, a ponto de alguns falarem em "ecodemocracia". Talvez seja esse o caminho hermenêutico, enriquecido por esses múltiplos olhares do livro, que nos levará a enfrentar as crises que a realidade nos coloca como desafios. Assim, são iluminadoras as palavras do Papa Francisco na Encíclica *Laudato Si'* (n. 139), quando diz: "Não existem duas crises separadas, uma ambiental e outra social, e sim uma só e complexa crise socioambiental. As diretrizes para a solução requerem uma concepção integral para combater a pobreza, para restituir a dignidade aos excluídos e, ao mesmo tempo, para cuidar da natureza".

Portanto, a partir dos textos deste livro, que nos oferece múltiplos olhares, ecologia e democracia, ou ecodemocracia, apresentam-se como um caminho hermenêutico significativo. Um caminho grávido de processos de vida e esperança, que nos permite pensar os fundamentos e construir planos de ação para ampliar nossa consciência, simultaneamente ecológica e democrática, em vista de um futuro ecodemocraticamente viável para nossas sociedades.

Prof. Dr. Elton Vitoriano Ribeiro, sj
Reitor da Faculdade Jesuíta de Filosofia e Teologia

CAPÍTULO I
Democracia: dimensões e desafios

Elton Vitoriano Ribeiro
Cláudia Maria Rocha de Oliveira

Introdução

Um olhar mais atento em direção às sociedades que buscam viver o regime democrático, nas mais diversas situações e nos mais diversos lugares do planeta, nos leva, imediatamente, a questionar a possibilidade de sua plena realização. Será a democracia um sistema político possível ou viveremos sempre em uma constante crise entre aquilo que desejamos e aquilo que, a duras penas, conseguimos? Seria a democracia um sonho bonito e alentador, mas impossível? A crise é inerente a todo sistema democrático ou é possível alcançar uma democracia plena, dessas que encontramos nos livros de filosofia e de política? Ora, parece que as muitas questões que levantamos, ao falar de democracia, já nos revelam que algo não vai bem ou, olhando por outro ângulo, que poderia ser melhor. Por isso, apenas um olhar atento à realidade pode nos ajudar a compreender a pergunta pela possibilidade e pelos impasses da democracia nas sociedades contemporâneas.

Com o objetivo de refletir sobre a democracia e os desafios que se impõem diante da necessidade de sua realização concreta, propomos neste capítulo compreender melhor o que é a democracia. Em seguida, apresentaremos alguns impasses da democracia contemporânea. Indicaremos desafios que precisam ser enfrentados para que a democracia se realize de modo mais pleno. Como veremos, uma das vias que têm sido traçadas para pensar alguns desses desafios é o ainda pouco conhecido caminho da "ecodemocracia".

1. O que é democracia

1.1 Democracia: regime político e valor fundamental

A democracia, como aprendemos pela própria etimologia da palavra, vem do grego *demos*, que significa "povo", e *cratos*, que significa "poder". Democracia, portanto, é o poder do povo no governo dos próprios caminhos. Aprofundando mais, podemos dizer que a democracia pode ser compreendida como um regime político no qual a soberania, o poder, o governo são exercidos pelo povo. Esse poder, verdadeiramente, pertence ao povo, ao conjunto dos cidadãos que, de várias formas, exercem as escolhas de seus caminhos. A democracia pode ser direta, se o poder for exercido pelo povo, sem intermediários. Mas, também, pode ser indireta, nas formas de democracia parlamentar ou democracia representativa. Nestes casos, o povo delega, novamente de várias maneiras possíveis, seus poderes a um parlamento eleito e a executivos que vão governar pelo Estado. Contudo, ainda, de maneira menos comum ou mais estranha, podemos ter regimes autoritários que se autoproclamam democráticos. Neste caso, o povo delega o conjunto dos poderes a um único indivíduo, uma autoridade, por determinado tempo ou vitaliciamente. Portanto, a democracia se diz de muitas maneiras.

Cabe, no entanto, perguntar se esses regimes autoritários podem realmente ser considerados democráticos. Outra questão diz respeito aos motivos que conduzem um regime autoritário a se autoproclamar como democrático. O próprio ato de proclamação parece revelar o reconhecimento de que a democracia se constitui como um valor para as sociedades contemporâneas.

Na maioria dos casos, as democracias ocidentais constituem regimes políticos organizados pela separação dos poderes em legislativo, executivo e judiciário. Esses poderes, independentes e soberanos em suas funções e designações, devem garantir os direitos fundamentais da pessoa humana, sobretudo os que se referem à liberdade política dos cidadãos, bem como à organização dos estados como independentes e de direito. Na democracia, pessoa e sociedade, indivíduo e instituição são fundamentais e precisam, dialeticamente, se relacionar o tempo todo para o bom funcionamento desse frágil regime político.

Ora, se por um lado, como vimos, a democracia pode ser compreendida como um regime político, por outro, alguns autores a pensam em sentido mais amplo. Jacques Maritain, por exemplo, defende que a democracia deve ser compreendida para além de qualquer regime político particular. Ela se constitui como "filosofia geral da *vida* humana e da vida política, bem como um estado de espírito" (MARITAIN, 1964, p. 41). Em consequência, qualquer regime que esteja de acordo com o espírito democrático realiza a democracia. Mas o que caracteriza propriamente esse espírito democrático? A alma da democracia se exprime pela afirmação da dignidade (MARITAIN, 1964, p. 44).

Ao seguir intuição semelhante à posição de Maritain, Lima Vaz defende que a democracia se apresenta no plano político como "a expressão mais adequada da dignidade humana" (LIMA VAZ, 1988, p. 11). Ao se constituir como governo do povo, a democracia torna possível que as pessoas se orientem, no campo político, a partir do exercício da própria liberdade. Elas, então, podem se afirmar como sujeitos da própria história, como seres que não são meios para outros fins. Como diz Kant, apenas o que é fim em si mesmo não possui um preço, mas dignidade (KANT, 2009, p. 265). Ora, ao conferir ao povo a prerrogativa de exercer a liberdade no espaço público, a democracia o torna responsável pelo próprio destino. O contrário da democracia implicaria pensar o povo como dependente da tutela de alguém. Logo, se a democracia se apoia na afirmação do ser humano como livre e capaz de autogoverno, os modelos políticos não democráticos são aqueles que sustentam "a desigualdade, a menoridade de uma parte da população, a infantilização ou puerilização dos adultos" (RIBEIRO, 2017, p. 63).

Ao definir a democracia como "a *politeia* na qual o assunto de todos deve ser decidido por todos" (RIBEIRO, 2017, p. 59), Renato Janine Ribeiro defende que na democracia não é possível falar em direitos políticos sem falar em obrigações. Isso significa que "só há democracia quando ocorre uma responsabilização básica do povo por suas decisões" (RIBEIRO, 2017, p. 43). Se o exercício da liberdade, por um lado, torna possível que cada pessoa possa se afirmar na sua dignidade, por outro, a liberdade não deve ser compreendida como "fazer o que quer". Quem é livre deve ser capaz de responder pelos próprios atos. Por isso, na democracia, em que o titular do poder é o povo, todos mandam, mas "todos igualmente obedecem, e, por conseguinte, devem saber cumprir a lei que emana da própria vontade" (RIBEIRO, 2017, p. 45). A democracia está ancorada, portanto, nas noções de igualdade e de liberdade, mas, ao mesmo tempo, na capacidade de responder por decisões e posições assumidas. Isso ocorre porque "direitos constitutivos da coisa pública são também deveres" (RIBEIRO, 2017, p. 62).

Ao apostar no exercício da liberdade como sendo o que torna possível afirmar o ser humano como ser de dignidade, a democracia é afirmada como valor fundamental. Ela não apenas garante a possibilidade da afirmação dos direitos humanos como também é o próprio processo democrático que "engendra os direitos humanos em geral" (RIBEIRO, 2017, p. 64). Considerada a partir dessa perspectiva, a democracia não pode ser vista apenas como regime político, mas deve ser assumida como um valor. Isso significa que a democracia não deve ser pensada exclusivamente como um mecanismo que torna possível pensar a relação entre o Estado e a sociedade. Ela deve ser afirmada como algo fundamental que precisa estar presente nas relações humanas de modo geral.

Em consequência, torna-se indispensável democratizar também "a esfera das afetividades, incluindo a amizade, as relações amorosas, a família; em suma: tudo o que costumamos chamar de 'vida privada'" (RIBEIRO, 2017, p. 64). Mas se torna ainda importante democratizar as relações de trabalho que, atualmente, estão submetidas às regras do capital. Para Renato Janine Ribeiro, o que nos leva a pensar a democracia, em nosso tempo, exclusivamente como regime político é justamente "a negação do olhar público sobre as relações de afeto e de trabalho" (RIBEIRO, 2017, p. 66). Isso, no entanto, torna a democracia limitada. Se, por um lado, é indiscutível que a democracia possa ser compreendida como um regime político, por outro, é imprescindível reconhecer que, para além disso, ela é um valor fundamental que está na base da organização das sociedades contemporâneas. A afirmação da democracia como valor fundamental esclarece, como afirmamos anteriormente, o fato de até mesmo governos autoritários procurarem se autodenominar como democráticos.

Como procuramos mostrar, a democracia pode ser compreendida como um sistema político, dentre outros. Contudo, uma definição mais abrangente nos revela que a democracia é valor que foi assumido como fundamental pelas sociedades contemporâneas. Essa constatação alarga a discussão e nos coloca para além do espaço da relação entre indivíduo e Estado. Contudo, seja como for, ainda é necessário compreender melhor em que sentido a democracia se constitui como sistema de organização política da sociedade. Com o objetivo de pensar essa questão, mostraremos como os modelos liberal e republicano, tema de debates promovidos pelos comunitaristas, se apresentam como modelos normativos de democracia.

1.2 Os modelos liberal e republicano de democracia

Charles Taylor fala em democracia liberal e democracia republicana (TAYLOR, 2012). Claro, nenhuma das sociedades existentes é só uma ou outra coisa; as inter-relações e conexões estão presentes o tempo todo na formação e na realização dos regimes democráticos.

A democracia liberal possui seu fundamento em uma ontologia social atomística, para usar uma distinção de Taylor. O Estado é entendido como um instrumento para fins privados do indivíduo. Aqui temos uma concepção negativa de liberdade, em que os direitos subjetivos são aqueles que definem o indivíduo diante do Estado e dos outros. O indivíduo, ou melhor, o cidadão, conta com o Estado para proteção e defesa de seus próprios interesses – claro, nos limites impostos pela lei – contra intervenções estatais que ultrapassem os limites da lei e contra coações externas. Por meio de eleições, os cidadãos fazem valer seus interesses particulares e privados, influenciando, assim, a administração pública. Para bem funcionar, a administração pública adota o procedimentalismo. Procedimentos burocráticos, supostamente neutros, dirigem os procedimentos administrativos. Segundo alguns, em clara dificuldade ou desinteresse em reconhecer e administrar as diferenças entre cidadãos, grupos e culturas presentes em uma mesma sociedade. Nessa perspectiva, as ideias de bem comum, povo e vontade geral não passam de ilusões irrealizáveis. Finalmente, a sociedade deve abster-se de propor uma concepção de bem comum, ou bens comuns, e deve limitar-se a organizar uma sociedade bem ordenada, se possível com base na justiça social e no mercado financeiro.

A democracia republicana, por sua vez, é herdeira da argumentação hegeliana sobre a eticidade. Taylor é um autor que busca repensar a eticidade hegeliana para as sociedades contemporâneas multiculturais (TAYLOR, 1998). Nessa perspectiva, pertencer a uma comunidade é fonte de obrigações inalienáveis, as quais antecedem qualquer direito e são, na verdade, o pano de fundo para pensar todos os direitos. Por isso, os direitos de cidadania, de participação política são mais bem entendidos como liberdades positivas, ou seja, como participação em uma prática comum, na qual seu exercício possibilita aos cidadãos serem sujeitos morais e políticos responsáveis. Aqui, a ideia de contexto social ganha força. As práticas e os contextos nos quais nos movemos são condições para o desenvolvimento pleno de nossas capacidades fundamentais como cidadãos, especialmente, a racionalidade, a autonomia e a responsabilidade.

Como nos ensina MacIntyre (1999), somos animais racionais dependentes e nossa dependência, dos outros, dos contextos e das tradições, forma socialmente nossa racionalidade, nossa autonomia e nossa responsabilidade. As instituições, nessa perspectiva, possuem um papel fundamental. Elas encarnam nossa liberdade como uma resposta situada com e para os outros em instituições justas (RICOEUR, 1995). Aqui, as intuições são entendidas como instrumentos, meios, para a realização dos cidadãos que são, por natureza, social e livremente situados. Assim, encarnados em práticas, grupos e instituições, os processos políticos têm como fim gerar comunicativamente, pela autodeterminação dos cidadãos e pela formação discursiva das opiniões e vontades, instituições justas. Ainda, o papel do Estado aqui não se encontra, como no liberalismo, na proteção de direitos subjetivos privados iguais. Encontra-se na garantia de um processo cada vez mais inclusivo, em que a formação da opinião e da vontade é o fundamento a partir do qual cidadãos livres e iguais se entendem sobre os fins e as normas que correspondam ao interesse comum de todos.

Todo esse caminho democrático, entre liberalismo e republicanismo, é fascinante e muito presente em nossa realidade contemporânea. Entre as duas perspectivas é possível uma síntese dialética ou estamos condenados a ter que fazer uma opção?

2. Impasses da democracia contemporânea

2.1 Limites dos modelos liberal e republicano

Ao considerar os debates em torno da distinção entre as concepções liberal e republicana, Habermas também propõe uma descrição de cada um dos dois modelos. Mas, em vez de se filiar e assumir a defesa de um deles, ele aponta os limites encontrados em ambos e propõe um caminho alternativo, que procura articular o que há de positivo neles. A partir dessa nova via, ele acredita ser possível pensar a democracia, que se apoia em concepção procedimental do direito, como "política deliberativa" (HABERMAS, 2003, p. 277).

Para Habermas, ao acentuar os direitos subjetivos, o liberalismo não considera o fato de as autonomias privada e pública não poderem ser pensadas uma sem a outra. Por outro lado, o modelo republicano, ao colocar em destaque a perspectiva do bem coletivo, embora o relacione com a afirmação da liberdade subjetiva, funda o engajamento do cidadão a partir de uma imagem fortemente ética do indivíduo. Diante desse contexto, trata-se, então, de pensar um modelo de democracia que considere a ligação entre autonomia privada e pública como intrínseca. Isso significa defender a impossibilidade de o sujeito privado desfrutar de sua liberdade subjetiva enquanto não exercer a liberdade como cidadão do Estado (HABERMAS, 2003, p. 242). Significa, ainda, reconhecer que, para assegurar a afirmação de identidades coletivas, não é necessário, de modo algum, negar ou colocar em questão o direito a liberdades subjetivas iguais (HABERMAS, 2003, p. 240). Significa finalmente transcender o espaço da autocompreensão que o sujeito tem de si mesmo e da comunidade, e poder pensar a democracia a partir de um modelo de direito procedimental.

Vejamos mais de perto os argumentos utilizados por Habermas para justificar a necessidade de pensar para além da oposição entre liberais e republicanos. Como para Taylor, também para ele, a concepção liberal se apoia na noção de sujeito portador de direitos subjetivos. O Estado se apresenta como instituição que deve assegurar e garantir aos indivíduos a obtenção desses direitos. Além disso, os liberais consideram a política como uma luta pela obtenção de cargos que dão acesso ao exercício do poder administrativo. Os agentes políticos são vistos como sujeitos que agem estrategicamente, tendo em vista a manutenção e/ou a conquista de posições de poder. Nesse caso, as decisões que os eleitores assumem ao votar "têm a mesma estrutura que os atos eletivos de participantes do mercado voltados à conquista de êxito" (HABERMAS, 2003, p. 283). Além disso, os direitos políticos conferem aos cidadãos "a possibilidade de conferir validação a seus interesses particulares" (HABERMAS, 2003, p. 279). Isso porque o que constitui em sentido próprio o modelo liberal "não é a autodeterminação democrática de cidadãos deliberantes, mas sim a normatização jurídico-estatal de uma sociedade econômica cuja tarefa é garantir um bem comum entendido de forma apolítica, pela satisfação das expectativas de felicidade de cidadãos produtivamente ativos" (HABERMAS, 2003, p. 288).

Ora, é inegável que existe uma tensão entre democracia e capitalismo que o modelo liberal não explicita. Essa tensão faz com que pensemos a relação entre sociedade e Estado como relação de consumo. Os cidadãos, por um lado, cumprem suas obrigações perante o Estado, mas, por outro, exigem dele o cumprimento de determinadas prestações. A partir dessa compreensão é possível medir o grau de democracia estabelecendo "a extensão na qual o Estado se comporta em conformidade com as demandas expressas por seus cidadãos" (TILLY, 2007, p. 27).

Ao assumir posição semelhante à de Habermas, Renato Janine defende que esse discurso reivindicatório que passa a ser feito pelos cidadãos perante o Estado é problemático, porque revela uma submissão do povo, que deveria ser o verdadeiro detentor do poder, ao Estado (RIBEIRO, 2017, p. 58). Além disso, para Habermas, à medida que a busca por satisfação de interesses se orienta de modo apolítico, esse modelo coloca em risco a possibilidade de pensar adequadamente a integração da sociedade. Ele tende a reduzir a democracia a uma perspectiva formal que se caracteriza, quase exclusivamente, pelo direito dos cidadãos a participar de processos eleitorais.

A concepção republicana, por sua vez, como já vimos, tem em vista direitos que garantem ao sujeito a possibilidade de se tornar membro politicamente responsável "de uma comunidade de pessoas livre e iguais" (HABERMAS, 2003, p. 280). Nesse caso, o Estado não possui como função primeira a garantia de direitos subjetivos. Sua existência se justifica à medida que é capaz de garantir "um processo de formação inclusivo da opinião e da vontade, em que cidadãos livres e iguais chegam ao acordo mútuo quanto a quais devem ser os objetos e normas que correspondem ao interesse comum" (HABERMAS,

2003, p. 281). Em consequência, os eleitores não podem ser comparados a agentes do mercado que se orientam pela busca de satisfação dos próprios interesses. Aqui interferem estruturas de comunicação pública, que, através de processos de formação da opinião e da vontade, conduzem os cidadãos à busca pelo entendimento acerca do que é o bem comum. Nesse caso, a democracia está ancorada em uma noção de direito que confere peso igual tanto à integridade e liberdade individuais quanto à integridade da comunidade na qual o indivíduo se reconhece e reconhece os outros como membros e como indivíduos.

Embora o modelo republicano pense a democracia a partir do engajamento dos sujeitos e da criação de vínculos que tornam possível uma auto-organização da sociedade e a busca por realização de fins coletivos, Habermas acredita que esse modelo também possui desvantagens. Por "tornar o processo democrático dependente das *virtudes* de cidadãos voltados ao bem comum", ele seria muito idealista. O limite estaria, portanto, no fato de que os republicanos pensam o processo democrático a partir de uma perspectiva "estritamente ética" (HABERMAS, 2003, 284). Para Habermas, a ética está ligada à autocompreensão que um grupo social possui de si mesmo. Essa autocompreensão torna possível encontrar orientações comuns que permitam conduzir as ações em direção a interesses e valores compartilhados. Contudo, o pluralismo cultural e social característico das sociedades nos faz compreendê-las, também, como local de conflitos de interesses e de valores que dificilmente poderão ser superados pelo consenso. Em consequência, o modelo republicano seria idealista justamente por acreditar na possibilidade de afirmar uma identidade comum em sociedades pluralistas. Essa identidade seria requisito importante para compreender quais interesses e valores poderiam ser assumidos como orientadores das práticas sociais.

Já o modelo de democracia deliberativa parte do pressuposto de que é necessário compensar a impossibilidade de se alcançar um consenso, em determinadas situações, sobre o que seja interesse comum, através de um procedimento que garanta a honestidade e a justiça dos processos de negociação. Nesse caso, a deliberação, que torna possível o acordo, não se estrutura exclusivamente a partir de critérios de solidariedade. É passível que haja interferência da lógica própria ao exercício do poder e da ação estratégica. Contudo, os procedimentos e pressupostos que orientam a deliberação é que precisam estar bem fundamentados racional e normativamente, para que possam garantir resultados justos, capazes de reconhecer tanto direitos subjetivos quanto coletivos de pessoas e grupos plurais. Nesse sentido, o modelo deliberativo proposto por Habermas não torna a efetivação da democracia "dependente de um conjunto de cidadãos coletivamente capazes de agir, mas sim da institucionalização dos procedimentos que lhe digam respeito" (HABERMAS, 2003, p. 288). Ao mesmo tempo, não pensa a relação entre Estado e sociedade a partir da lógica do consumo nem do exercício da dominação. Embora respeite os limites entre Estado e sociedade, procura garantir a realização de processos de formação da opinião e da vontade capazes de organizar e de integrar a sociedade.

2.2 Um olhar para a situação contemporânea

O que foi dito até agora serve para ajudar a lançar um primeiro olhar sobre o tema. Colocar, brevemente, as definições principais e apresentar discussões em torno delas nos auxilia a conhecer o caminho que estamos trilhando. Mas vamos olhar agora para a situação contemporânea, que é muito curiosa e desafia nossas teorias. A revista *The Economist* organiza, de tempos em tempos, um *Democracy Index*, que é um levantamento sobre os vários regimes políticos existentes no mundo. Esse olhar concreto é importante porque nos dá uma visão mais encarnada sobre a situação política atual. No último levantamento do *Democracy Index* (2020), foram analisados 167 países (segundo a ONU, temos hoje 193 países no mundo). Para cada país foi atribuída uma nota de zero a dez, dependendo da *performance* nos critérios de classificação da revista.

Para a classificação dos regimes políticos, os critérios são os seguintes: (1) Processo eleitoral: processo realizado com justiça, liberdade, pluralidade em todas as eleições, para todos os cargos elegíveis; (2) Funcionamento do governo: honestidade e eficácia nas questões governamentais, especialmente, nas questões financeiras. A transparência também é muito importante; (3) Cultura política: participação política dos cidadãos nas escolhas dos governantes, desenvolvimento de uma cultura política de participação e discussão das questões da sociedade e do governo, e o apoio ao governo; (4) Liberdades civis: liberdade de expressão e imprensa são os elementos mais observados e valorizados. Estes são os principais critérios. Aqui fizemos um resumo e agrupamos as questões para dar uma ideia geral dos critérios. Evidentemente, as análises são muito mais complexas, detalhadas e exigentes.

Na classificação feita em 2020, foram conseguidos os seguintes resultados: (1) Como democracia plena, 19 países foram classificados. A maioria são países nórdicos, mas temos também a Nova Zelândia e o Uruguai; (2) Como democracia com falhas, 57 países, entre eles o Brasil, que fica nas classificações sempre entre o 44º lugar e o 49º; (3) Como regimes híbridos, temos 39 países. Como regimes autoritários, 52 países. Curioso notar que mais de 55% dos países não vivem em regimes democráticos. E, se formos exigentes, democracias plenas no mundo temos apenas 19, ou seja, apenas 11% dos países existentes no mundo. O número é pouco expressivo.

The Economist Intelligence Unit's 2020 Democracy Index
167 countries scored on a scale of 0 to 10 based on 60 indicators

Full democracies

Flawed democracies

Hybrid regimes

Authoritarian regimes

Source: The Economist Intelligence Unit

De modo geral, aponta a pesquisa, temos a tendência de achar que a democracia política é um modo natural de funcionamento das sociedades. A bem da verdade, na maioria das vezes, a democracia apresenta enormes benefícios para todos os cidadãos, especialmente para os mais esquecidos socialmente e vulneráveis. Mas a história apresenta dificuldades. A maior parte dos regimes políticos no mundo são regimes autoritários. E, ainda, infelizmente, temos muitos regimes autoritários disfarçados de democracia.

Diante dessa realidade podemos nos perguntar: a democracia está em crise? A pergunta pela crise, ou não, da democracia possui duas direções. Por um lado, cresce em muitos países a insatisfação com a capacidade de o Estado democrático atender às demandas sociais e resolver os problemas que estão sob sua responsabilidade. Especialmente, os problemas de ordem econômica. Por outro lado, a democracia avança muito quando demandas econômicas e sociais, das pessoas e dos grupos sociais, são atendidas pelo Estado. Assim, as grandes demandas que temos para as democracias contemporâneas, enquanto regimes políticos, são: (1) elas precisam organizar e resolver o problema do crescimento econômico; (2) elas devem custodiar os direitos e combater as desigualdades; (3) elas necessitam distribuir de forma discernida e com critérios claros os gastos sociais. Pontos simples e diretos para se postular, mas difíceis e conflituosos de realizar. A situação do Brasil nessa discussão anterior é ilustrativa. Por exemplo, Marilena Chauí entende que dois grandes obstáculos dificultam os processos democráticos no Brasil, a saber, a estrutura autoritária da sociedade brasileira e a implantação da economia neoliberal como sistema de governo (CHAUÍ, 2018, p. 409). Ampliando mais a discussão, ela observa: "A sociedade brasileira está polarizada entre as carências das camadas populares e os privilégios da classe dominante e, portanto, pelo bloqueio à criação e garantia dos direitos, núcleo definidor da democracia" (CHAUÍ, 2018, p. 422).

3. Considerações finais

3.1 Desafios para consolidação da democracia

Vimos que a democracia, mais que um regime político, se constitui como um valor fundamental. Porém, por outro lado, os dados que apresentamos do *Democracy Index*, organizados pela revista *The Economist*, revelam de modo dramático o quanto é difícil realizar e garantir esse valor. Procuraremos indicar aqui alguns desafios que precisamos enfrentar, se quisermos garantir que a democracia se torne efetiva entre nós.

Um primeiro perigo ao qual devemos ficar atentos diz respeito aos riscos de uma dependência excessiva do Estado, das estruturas e dos contextos que oprimem os indivíduos em suas possíveis escolhas. A crescente complexidade dos governos modernos, com suas burocracias e exigências técnicas, paralisa as instituições em sua função de construir meios para a realização da justiça social. A submissão da política ao mercado coloca as estruturas do Estado a serviço de interesses financeiros que priorizam a consolidação de privilégios em detrimento de direitos individuais e coletivos. Por outro lado, as democracias vivem hoje dificuldades com novos grupos preocupados em defender nacionalismos paralisantes e fazer limpezas étnicas, especialmente em lugares de grande fluxo de imigrantes e refugiados. Como superar esses desafios?

Antes de tudo, se queremos realizar a democracia, torna-se fundamental garantir condições básicas de sobrevivência para todas as pessoas. Tornar possível uma melhor distribuição de renda e a diminuição da desigualdade social é pressuposto indispensável, embora não suficiente, para que a democracia se realize. A melhoria das condições de trabalho e infraestrutura também são pressupostos da democracia. Quanto maior a dependência em relação ao Estado e quanto mais submetidos a rotinas e condições de trabalho precárias, mais sujeitos à vontade alheia nos encontramos. Contudo, sem capacidade de autogoverno não há democracia. A situação, no entanto, torna-se ainda mais grave diante do capital financeiro. Ele parece submeter a política a sua lógica. Mas, "se os governos nacionais nada podem ante um capital financeiro que despreza as fronteiras, a quem se queixar?" (RIBEIRO, 2017, p. 99).

Além disso, é necessário promover educação de qualidade, voltada para a formação integral, que torne possível que o sujeito saia da menoridade, ou seja, do domínio de outro. Trata-se, portanto, de educar para maior liberdade e, consequentemente, para maior responsabilidade. Entretanto, merece atenção uma questão que muitas vezes não é levada em consideração. O exercício da liberdade é exigente. Por isso, muitos sentem "alívio em ser dispensados da liberdade" (RIBEIRO, 2017, p. 60). Parece mais fácil e cômodo seguir ordens e transferir a responsabilidade para outro. Contudo, o exercício da liberdade é condição de possibilidade da afirmação e do reconhecimento de nossa dignidade. Não nos podemos contentar em ser escravos. A democracia exige capacidade de autogoverno.

Por outro lado, há também a tendência, por parte daqueles que estão em posições de comando, de querer sempre mandar. Todavia, democracia é governo do povo, e, onde todos mandam, todos devem e, ao mesmo tempo, são capazes de obedecer. Isso porque "os direitos constitutivos da coisa pública são também deveres" (RIBEIRO, 2017, p. 62). Em consequência, a realização da democracia, não apenas no âmbito do Estado como também em todas as nossas relações, depende da capacidade de "refrear o desejo de mandar" (RIBEIRO, 2017, p. 45). Trata-se, portanto, de conter o ímpeto autoritário, presente na personalidade de muitos de nós, e, ao mesmo tempo, conter tendências autoritárias presentes na sociedade. A democracia requer contenção do cidadão, "força de vontade para frear sua cupidez" (RIBEIRO, 2017, p. 67). Precisamos aprender a escutar e acolher melhor o outro. Não há democracia sem a afirmação da igualdade e do respeito como valores.

As decisões, portanto, devem ser tomadas a partir de processos de formação da opinião e da vontade, que têm lugar mediante a participação dos cidadãos em debates públicos. Porém, um dos desafios consiste justamente no fato de que atualmente temos dificuldade para encontrar referenciais comuns, a partir dos quais podemos discutir e buscar consensos. A crise da mídia tradicional é um dos elementos que ajudam a compreender a dificuldade. Se tínhamos uma imprensa que, apesar de seus limites, fornecia informação e conteúdos capazes de pautar a conversa entre as pessoas, agora as informações são seletivas. Os *cookies* selecionam notícias e propagadas conforme preferências e ideologias de cada sujeito. Criam-se bolhas dentro das quais não há lugar para a escuta e o reconhecimento do outro. Não é possível criar linguagem comum, ponto de partida para o debate público. Nesse contexto, a preocupação com a padronização cede espaço a outro problema, aquele do "homem sem interlocução, destinatário único de mensagens que não lhe permitem dialogar com outrem" (RIBEIRO, 2017, p. 82). O resultado é a crescente polarização social, que impede o verdadeiro debate público. Nesse contexto ganham espaço posições autoritárias. Como superar essa situação? Também é necessário romper com a lógica do privilégio. Não podemos assumir posições no espaço público, simplesmente, porque elas irão nos beneficiar de modo privado. A vantagem pessoal precisa dar lugar à busca por conquista de direitos individuais e coletivos que sejam capazes de melhorar a vida de todos. Nesse sentido, torna-se fundamental estabelecer distinção, mas não separação, entre liberdade privada e liberdade pública. Os direitos políticos precisam ser percebidos pelos cidadãos como direitos *públicos*. Essa percepção torna possível que os cidadãos saiam "de suas cascas privadas para participar da *res publica*, da coisa pública, da república" (RIBEIRO, 2017, p. 186). Diante disso, parece fundamental que os cidadãos sejam educados para a participação política.

Os desafios apresentados revelam que o caminho de realização da democracia é longo e difícil. Mas acreditamos e defendemos que ele seja também possível. Indicamos agora, de modo esquemático, alguns pontos sobre os quais é importante pensar e agir: (1) A participação direta e a representativa de todos os cidadãos e a descentralização das decisões dos governos no gerenciamento das sociedades; (2) A construção de políticas do reconhecimento; políticas de igual dignidade e políticas de reconhecimento de diferenças; (3) A busca constante da identificação da cidadania com o bem comum e suas implicações práticas na vida dos cidadãos, tendo especial atenção para a educação formal e permanente dos cidadãos; (4) O apreço e a valorização das instituições democráticas em seus vários níveis; e, por fim, (5) a atenção e o combate constante das desigualdades sociais e econômicas.

É-nos permitido dizer que a democracia é possível. Possível, não na forma de uma chegada a ser alcançada, mas, sim, na forma de um sonho a ser perseguido. Portanto, a democracia é um sonho que caminha!

3.2 Ecodemocracia: construindo um futuro melhor

O conceito de "ecodemocracia" é ainda pouco explorado na reflexão contemporânea. Muitos autores acabam trabalhando o conceito indiretamente, quando se preocupam com a ecologia integral, com a justiça socioambiental e com o futuro da democracia. Assim, a ecodemocracia englobaria todos esses temas buscando articulá-los em uma forma de compreensão da democracia na qual a opinião pública, a sociedade civil, as instituições e o Estado colocariam as preocupações ecológicas e sociais no mesmo patamar das preocupações econômicas. Na verdade, para a ecodemocracia, essas três preocupações devem estar presentes em todas as decisões políticas das sociedades contemporâneas.

Apesar desse conceito ainda ser novo, sua ampliação nas discussões políticas tem sido um fator de esperança. Em 1998, Walter Moore apresentou um modelo de ecodemocracia no livro *Ecodemocracia: el modelo post-capitalista*. Nesse texto, o autor busca construir a ideia de comunidades de amparo. Ao contrário das sociedades industriais, que seriam sociedades do desamparo (desigualdades, desempregos, lutas por direitos etc.), as comunidades de amparo usariam os potenciais dos meios de produção pós-industrial para gerar e distribuir as riquezas equitativamente. Essa distribuição aconteceria porque elas seriam – e nessa direção caminha toda a argumentação do livro sobre a plausibilidade dessa ideia – comunidades desmercantilizadas, desbancarizadas e desburocratizadas. Apesar da interessante argumentação do autor, um modelo pós-capitalista como o dele parece não ter muito futuro. Como gosta de afirmar Mark Fischer: "É mais fácil imaginar o fim do mundo do que o fim do capitalismo" (FISCHER, 2020).

Um trabalho interessante e atual sobre a ecodemocracia é um artigo de vários autores organizados por Helen Kopnina, intitulado *Ecodemocracy in practices: exploration of debates on limits and possibilities of addressing environmental challenges within democratic systems* (2022). Nesse texto discute-se a ecodemocracia na prática, ou seja, em debates que exploram as possibilidades e os limites, em sistemas democráticos, dos desafios ambientais. Na mesma direção, mas mais preocupado com princípios e, por isso mesmo, de cunho mais filosófico, temos os trabalhos de Leonardo Boff publicados em 2022: *Covid-19: a Mãe Terra contra-ataca a humanidade* e *Habitar a Terra: qual o caminho para a fraternidade universal?* Nesses dois textos, como os próprios títulos indicam, a questão ambiental é interpretada a partir da crise pandêmica da Covid-19 e de um olhar orientado por uma fraternidade universal. Nas palavras de Leonardo Boff, uma fraternidade humana universal possível exige outro tipo de presença no mundo. Boff propõe, em seus textos, uma mudança paradigmática: *do dominus ao frater*.

Ao falarmos de Ecologia, democracia, casa comum e fraternidade universal, não podemos deixar de mencionar dois textos importantes do Papa Francisco, que, em nossa opinião, podem fundar um ecodemocracia plena, fraterna e factível. Os textos são: *Laudato Si'* (2015) e *Fratelli Tutti* (2020). Nesses textos, de forma crítica e sapiencial, encontramos os principais elementos para uma compreensão atenta da realidade atual, seus desafios e seus avanços, e uma direção possível para a ecodemocracia. O Papa Francisco não usa o termo "ecodemocracia", mas lança bases seguras para novos horizontes políticos, culturais e de transformação ecológica.

Na Encíclica *Laudato Si': sobre o cuidado com a casa comum*, o Papa Francisco apresenta um panorama sobre a situação ecológica da nossa casa comum. Para ele, vivemos uma crise socioambiental na qual a complexidade das questões sociais, ambientais, políticas, econômicas e culturais se entrelaça o tempo todo. Tudo está interligado. A tônica do texto é a questão ecológica, por exemplo, presente na deterioração global do ambiente, no desenvolvimento irresponsável da desigualdade, nos modelos de produção e consumo das sociedades desenvolvidas e nas estruturas excludentes de poder.

O apelo da encíclica é por um desenvolvimento sustentável e integral, por uma renovação do diálogo sobre a maneira como a humanidade está construindo o futuro do planeta e por uma educação integral. Educação que aponte para outro estilo de vida, estilo atento, especialmente, para a vida do planeta e para os direitos dos pobres. O modelo paradigmático desse novo estilo de vida é *Francisco de Assis*: exemplo de cuidado pelo que é frágil, de preocupação com a natureza, de justiça para com os pobres, de empenho público na sociedade e de busca da paz interior.

Depois da *Laudato Si'*, o outro passo do Papa Francisco na construção de estruturas para uma ecodemocracia encontra-se na Encíclica *Fratelli Tutti: sobre a fraternidade e a amizade social*. Para ele, a fraternidade e a amizade social são importantes e fundamentais caminhos para a construção de um mundo melhor, mais justo, mais pacífico e mais humano. Nessa encíclica, a argumentação se concentra na vida social, na política e nas instituições sociais. Partindo de um olhar atento às sombras do nosso mundo, que produz uma cultura fechada, de muros, onde a desigualdade, o desemprego, o racismo, a xenofobia, a cultura do consumo e do descarte prevalecem apoiados em uma lógica de mercado baseada no lucro, o Papa Francisco propõe outra cultura, a de construção de pontes.

Construir pontes significa fazer da política não apenas um lugar de gestão da sociedade humana, como também, especialmente, um lugar onde democracia, liberdade, justiça e bem comum estejam a favor da construção de um mundo melhor. A política, assim entendida e buscada, pode ser uma das formas mais preciosas e fundamentais da caridade social, porque a serviço do bem comum. O modelo paradigmático desse projeto é o *Bom Samaritano* presente no Evangelho de Lucas (Lc 10,25-37): exemplo de atenção social, cuidado e compaixão. Exemplo que nos ensina que todos somos chamados a estar próximos, a nos fazer próximos, uns dos outros, superando preconceitos e interesses pessoais, na construção de políticas públicas e de sociedades mais justas. Portanto, a partir desses dois textos do Papa Francisco, bem como de tantos outros que olham para a ecodemocracia com esperança, é possível pensar os fundamentos e os planos de ação para ampliar nossa consciência democrática, em vista de um futuro ecodemocraticamente viável.

Referências

BOFF, Leonardo. *Covid-19*: a Mãe Terra contra-ataca a humanidade – Advertências da pandemia. Petrópolis: Vozes, 2022.

BOFF, Leonardo. *Habitar a Terra*: qual o caminho para a fraternidade universal? Petrópolis: Vozes, 2022.

CHAUÍ, Marilena. Democracia: criação de direitos. *Revista Síntese*, n. 143, p. 409-422, 2018.

FISCHER, Mark. *Realismo capitalista*: é mais fácil imaginar o fim do mundo do que o fim do capitalismo. São Paulo: Autonomia Literária, 2020.

FRANCISCO, PP. *Fratelli Tutti*: sobre a fraternidade e a amizade social. São Paulo: Loyola, 2020.

FRANCISCO, PP. *Laudato Si'*: sobre o cuidado com a casa comum. São Paulo: Loyola, 2015.

HABERMAS, Jürgen. *A inclusão do outro*: estudos de teoria política. São Paulo: Loyola, 2007.

HABERMAS, Jürgen. *Direito e democracia*: entre facticidade e validade. Rio de Janeiro: Tempo Brasileiro, 2003. vol. II.

KANT, Immanuel. *Fundamentação da metafísica dos costumes*. São Paulo: Discurso Editorial/Bacarolla, 2009.

KOPNINA, Helen. Ecodemocracy in practices: exploration of debates on limits and possibilities of addressing environmental challenges within democratic systems. *Visions for Sustainability*, n. 15, p. 9-23, 2022.

LIMA VAZ, Henrique Cláudio de. Democracia e dignidade humana. *Síntese*, n. 44, p. 11-25, 1988.

MACINTYRE, A. *Dependent rational animals*: why human beings need the virtue. Chicago: Open Court, 1999.

MARITAIN, Jacques. *Cristianismo e democracia*. 5. ed. Rio de Janeiro: Livraria Agir, 1964.

MOORE, Walter A. *Ecodemocracia*: el modelo post-capitalista. Buenos Aires: EMED-CEIS, 1998.

RIBEIRO, Renato Janine. *A boa política*: ensaios sobre a democracia na era da internet. São Paulo: Companhia das Letras, 2017.

RICOEUR, Paul. *Leituras 1*: em torno do político. São Paulo: Loyola, 1995.

TAYLOR, Charles. *Argumentos filosóficos*. São Paulo: Loyola, 2000.

TAYLOR, Charles. *Democracia republicana*. Santiago: LOM, 2012.

TAYLOR, Charles. *La Democrazia e i suoi dilemmi*. Parma: Diabasis, 2014.

TAYLOR, Charles. *Multiculturalismo*: examinando a política do reconhecimento. Lisboa: Instituto Piaget, 1998.

TAYLOR, C.; NANZ, P.; TAYLOR, M. *Reconstructing Democracy*: How Citizens are Building from the Ground Up. Cambridge: Harvard University Press, 2020.

TILLY, Charles. *Democracia*. Petrópolis: Vozes, 2007.

CAPÍTULO 2

Bens comuns e ecodemocracia: leitura teológica interdisciplinar

Afonso Murad
Leopoldo Santiago Mazón

Introdução

Um dos critérios fundamentais para avaliar se a democracia efetiva, não somente aquela formal, impacta positivamente na biosfera consiste na maneira como a sociedade civil, a organização política e o mercado tratam dos *bens comuns*. A emergência do cuidado dos bens comuns se insere na luta contra a racionalidade depredadora do sistema capitalista neoliberal e suas consequências na crise socioecológica atual. Diversos atores coletivos continuam resistindo, gerando alternativas de gestão dos bens comuns, sob o princípio de cooperação, reciprocidade e obrigatoriedade. Nesse sentido, os bens comuns expressam um caráter político distinto do paradigma de civilização dominante. Por isso, é necessário compreender: que são os bens comuns? Qual é a pertinência desse conceito? Por que é necessário protegê-los da racionalidade capitalista? Por que são considerados como a manifestação de um paradigma alternativo? Por fim, mostrar como a visão teológica e a Pastoral do Bem Comum, tematizada no Ensino Social da Igreja e na *Laudato Si'*, do Papa Francisco, iluminam a compreensão dos bens comuns e impulsionam a ação coletiva para o cuidado da casa comum, em vista de uma ecodemocracia.

1. A defesa dos bens comuns como exercício da democracia ecológica

1.1 "Os comuns" e os "bens comuns"

Segundo Christian Laval e Pierre Dardot (2015, p. 23-51), os bens comuns são compreendidos como as práticas sociais e coletivas que associam diversos indivíduos para a realização de uma finalidade comum, de um benefício para todos, sob a lógica da cooperação e da reciprocidade. Os bens comuns são realidades tanto de origem natural (a biosfera e seus componentes) como de origem social (o humano), porque têm a ver com a organização social e coletiva dos seres humanos.

Os bens comuns são fundamentados a partir do *comum*. Isso quer dizer a partir do princípio político que impulsiona a ação coletiva e democrática dos indivíduos para a realização de uma finalidade grupal, gerando uma forma de governo autônoma do Estado e do setor privado.

Consequentemente, os bens comuns não constituem objetos existentes por si mesmos e externos ao ser humano. Denominam-se como coisas comuns a partir das relações qualitativas geradas em torno deles. Tais bens são considerados como *comuns* pelas interações e as circunstâncias que têm a ver com eles: o ser humano, o meio ambiente, as comunidades e os contextos (MATTEI, 2013, p. 74).

Dessa forma, os bens comuns são plurais, contextuais, de caráter participativo e democrático e funcionais, porque por meio deles todos os participantes se beneficiam (MATTEI, 2013, p. 66). O termo "comum" vem do latim *múnus*, que significa o dom ou a reciprocidade e a obrigação ou a dívida adquirida. Dessa maneira, o termo latino *munus* expressa um tipo particular de relação que tem a ver com o dever e o reconhecimento próprio da ação social vinculada à função pública, portanto, não privada. Assim mesmo, os termos *communis, commune, communia* ou *communio*, obtidos da articulação dos termos latinos *cum* e *munus*, fazem referência ao que se tem em comum. Daí se entende a comunidade, a "comunhão" de ideias, sentimentos, como também o compartilhar. Diz respeito também àqueles que têm um cargo ou uma função em comum (LAVAL; DARDOT, 2015, p. 23). Então, nesse caso, *o comum* tem a ver com a obrigatoriedade e a reciprocidade inerentes a toda relação de responsabilidade pública.

O que distingue o "comum" do "público"? O segundo, enquanto utilidade pública, é uma realidade criada e regulamentada pela ação do Estado através do direito positivo. Por sua vez, o "público", enquanto diz respeito à utilidade da coisa pública ou comum, é a realidade criada pela atuação livre e organizada dos cidadãos. Dessa maneira, o *comum* tem a ver com a organização coletiva, democrática e autônoma das pessoas para beneficiar a todos (CÍCERO, apud LAVAL; DARDOT, 2015, p. 27-29).

1.2 Apropriação ou defesa dos bens comuns?

O fenômeno dos "cercamentos" (*enclosures*) ou da apropriação dos bens que eram comunais (*commons*) é a marca fundante das origens do capitalismo. O processo dos cercamentos dos campos na Inglaterra (*enclosures*), por volta dos séculos XIV-XVIII, significou a privatização e a apropriação violenta dos bens comunais, gerando uma nova classe social: os donos da terra sobre os camponeses e comuneiros que tinham herdado essas terras ancestralmente (LAVAL; DARDOT, 2015, p. 132-136; MATTEI, 2013, p. 49.61). Dessa maneira, o comum é privatizado sob a ideia de maior progresso, representando o fenômeno da apropriação originária do capitalismo.

Esse processo dos cercamentos (*enclosures*) gerou um sistema de apropriação e privatização dos bens de uso comum (*os comuns/ commons*), sob o princípio de produção e do mercado capitalista, transformando os bens em objetos de mercantilização. Desse modo, foca-se a importância na produção em massa e na maximização do lucro (FÓRUM SOCIAL MUNDIAL, 2009).

Assim, a racionalidade qualitativa e comunitária dos comuns é transformada pelo capitalismo em uma racionalidade quantitativa e individualista. Importa ter e acumular individualmente. Com a criação da moeda e do dinheiro, o valor de câmbio substituirá o valor de uso. As relações sociais são transformadas à medida de sua contratualização e individualização (MATTEI, 2013, p. 58).

Para o liberalismo constitucional e a filosofia política moderna (Robinson Crusoé, Hobbes, Rousseau, Locke), o ser humano é um ser individual, egoísta e competitivo que precisa de um agente externo, o Estado, para ser controlado e viver em sociedade. A racionalidade fundamentada no comum é omitida pela racionalidade capitalista, tornando-se hegemônica na sociedade moderna (MATTEI, 2013, p. 51). Dessa maneira, consolidou-se um novo paradigma de civilização e uma única visão do ser humano.

O sistema capitalista, desde suas origens, tem-se desenvolvido com novas maneiras de atuação e expressão. Anteriormente, o Estado era o guardião do público, mas também protetor da propriedade privada e dos interesses do capital. Agora, na sua face neoliberal, o sistema capitalista está tão ligado ao Estado que as políticas públicas favorecem cada vez mais o interesse do capital e das empresas transnacionais (LAVAL; DARDOT, 2015, p. 109-114; MATTEI, 2013, p. 11). Com isso, tanto os bens públicos como os bens comuns são ameaçados constantemente de exploração e mercantilização. A ação soberana do Estado deixa de responder às necessidades do público e do social para favorecer o capital, sob a lógica do desenvolvimento e do progresso ilimitado.

Em suma, a apropriação, a privatização e a mercantilização dos bens tanto comuns como públicos têm transformado a compreensão da Terra e dos seres que nela habitam. Tudo é coisificado sob a lógica do progresso, da inovação, da geração de novos modos de produção e mercantilização (MATTEI, 2013, p. 55; VIVERET, 2011, p. 31).

A narrativa do capitalismo individualiza, mercantiliza, coisifica qualquer esfera da vida, sob o princípio da competição, do rendimento, da eficácia e da produção ilimitada. A cooptação e a exploração das riquezas da natureza e do humano são as práticas fundiárias desse paradigma de civilização hegemônico (MATTEI, 2013, p. 77).

Para a teoria econômica vigente, um bem é um recurso que se utiliza para satisfazer uma necessidade específica do ser humano (LAVAL; DARDOT, 2015, p. 156). Vincula-se à atividade de consumo com a lógica da produção e da mercantilização. Segundo essa visão, só existem dois tipos de bens: o bem público, que é administrado pela ação do Estado, e o bem privado, pertencente às pessoas físicas e jurídicas. Tal definição é questionada por Elinor Ostrom. Segundo ela, existem outros tipos de bens que não pertencem à categoria do público nem do privado, porque sua gestão compreende uma atividade comunitária sob o princípio da cooperação.

Os bens comuns são: a água, os rios, a terra, o território, as florestas, os pastos, as sementes, os mares, o vento, o conhecimento, as sabedorias ancestrais, a cultura, a música e as artes, a educação, a saúde, os meios de transporte, o trabalho, as praças etc. (FÓRUM SOCIAL MUNDIAL, 2009). Esses são *comuns* porque proporcionam um benefício grupal e têm a ver com o interagir de um coletivo ou comunidade particular. Por dita razão não podem ser apropriados nem privatizados, pois pertencem a todos, visando ao desenvolvimento integral da vida humana e natural na Terra. O cuidado e a defesa deles se tornam um imperativo. Ainda mais, por meio da gestão independente da ação estatal e privada, se mantém o livre acesso a eles. Por exemplo, é o caso da reivindicação de coco babaçu na região Nordeste do Brasil, onde o livre acesso aos babaçuais, para extrair a castanha e a palha do coqueiro de babaçu, com os quais os moradores produzem óleo, artesanato e alimento para o uso da comunidade e a comercialização, foi proibido com a privatização dessas terras (MALERBA, 2019, p. 99).

Parte significativa do movimento ecológico expressa a postura anticapitalista e antineoliberal na defesa dos bens comuns de origem natural, que, constantemente, estão sendo ameaçados da sua apropriação pela exploração predatória, restringindo e proibindo o livre acesso a eles (LAVAL; DARDOT, 2015, p. 108-109). Dita exploração, sob a lógica do mercado da produção ilimitada e a comercialização para obter o máximo lucro, ameaça o equilíbrio dos ecossistemas naturais. Portanto, reduz as condições necessárias para a continuidade e a reprodução da vida na Terra.

Outros tipos de bens comuns são os *bens imateriais*, que têm a ver com o conhecimento (digital e de informação) e os diferentes saberes humanos (culturas). Incluem-se também os chamados *creative commons*, que dizem respeito a diferentes áreas do conhecimento (científica, cultural, artística, intelectual) ou âmbitos do conhecimento (LAVAL; DARDOT, 2015, p. 181-186). Tais bens também estão sob risco de ser apropriados e privatizados pelo sistema capitalista neoliberal, por meio do "patentear as marcas" e do direito de autor ou *copyright*. Essa postura visa maximizar o proveito só de alguns, geralmente as empresas investidoras na inovação e na geração de conhecimento novo.

Diante desse risco, ressalta-se a necessidade de criar regras de uso e praticar uma gestão democrática, a fim de defender o livre acesso aos bens *do conhecimento* para proveito da humanidade. Exemplo disso é a geração dos projetos de *copyleft* (para contradizer o *copyright*) dos *softwares* livres, como Linux, GNU, Firefox, Apache, Debian etc., sob o princípio da cooperação e da reciprocidade (LAVAL; DARDOT, 2015, p. 183).

Nos projetos de *softwares* de caráter livre, postula-se uma nova noção de riqueza: a criação de redes que, sob o princípio de cooperação, geram novo conhecimento. Paradoxalmente, quanto mais usuários fizerem uso do conhecimento, aumenta-se a possibilidade de gerar ainda mais conhecimento (LAVAL; DARDOT, 2015, p. 176). Nesse caso, o livre acesso e o uso por mais pessoas não reduzem a riqueza desse bem, ao contrário, incrementa-a.

1.3 Os bens comuns e um novo paradigma civilizatório

O resgate *dos comuns* como categoria social e política revela um embate contra o crescimento da apropriação dos bens públicos e comuns por parte do setor privado (LAVAL; DARDOT, 2015, p. 112). *Os comuns* exigem e implicam a (re)politização das pessoas, porque lhes devolvem o poder para exercê-lo na participação democrática e coletiva, administrando e cuidando deles. Consiste em um exercício da democracia efetiva, que extrapola o âmbito da democracia representativa. Não se trata somente de exercer o direito de votar naqueles que exercerão o poder em nosso nome, no âmbito do executivo e do legislativo, e sim de exercitar esse poder de forma relacional e coletiva.

O resgate *dos comuns* contribui para um novo paradigma civilizatório. Primeiramente, apresenta outra noção e valoração de tipo de bem. Não somente existem os bens públicos e privados. E critica o paradigma hegemônico atual, na sua noção de modelo econômico e de direitos de propriedade, como a única via para o desenvolvimento da vida humana no mundo. Sustenta que "o mundo não está à venda" (LAVAL; DARDOT, 2015, p. 116).

Os comuns são a defesa do que pertence e beneficia os humanos e todos os habitantes da nossa casa comum, os seres abióticos (solo, ar, água, energia) e bióticos (microrganismos, plantas e animais). Contrapõem-se ao sistema capitalista neoliberal e a sua racionalidade mercantil. O empenho pelos bens comuns implementa práticas sociais sob o princípio da cooperação e da reciprocidade com caráter democrático. Essas estão ajudando a repensar a organização social, outros modelos de governo e de gestão ecológica, outras instituições políticas necessárias para a proteção dos referidos bens (LAVAL; DARDOT, 2015, p. 116).

A partir dos bens comuns expressa-se uma noção de riqueza que tem a ver com o livre acesso e a participação colaborativa de todos os envolvidos. O exemplo da geração das redes – tanto digitais como na vida social – traduz uma racionalidade, uma maneira de ser e de viver que são possíveis e benéficas para a humanidade e o planeta. Já havia algo inspirador nas sociedades tradicionais e nos povos originários do nosso continente latino-americano e caribenho. O melhor deles radica no viver juntos, fundamentado no sentido do ser com os outros, na convivência social (VIVERET, 2011, p. 32).

O paradigma dos *comuns*, do ponto de vista ecológico, ressalta que os seres humanos são parte da Terra, assim como todos os outros seres (bióticos e não bióticos). Portanto, as relações geradas não se compreendem sob a racionalidade de dominação e exploração, e sim a partir da racionalidade da cooperação, do respeito e da convivência interdependente (MATTEI, 2013, p. 10). Todos os seres da Terra são fundamentais ao sustento das condições necessárias para a vida se manter e se desenvolver. Escapa-se da coisificação e da mercantilização da vida. Em palavras de Vandana Shiva: "Recuperar os comuns é o dever político, econômico e ecológico de nossa época" (citado por LAVAL; DARDOT, 2015, p. 108).

Vale aqui inserir um conceito proveniente da ecologia profunda, fundada por Arne Naess. Trata-se do "florescer" da humanidade, de maneira interdependente com os outros seres e os ecossistemas que constituem a comunidade de vida do planeta ou biosfera. A ecologia profunda não considera os seres de forma isolada. Os organismos estão constituídos como nós na rede da vida, no campo das relações que as constituem. O ser humano faz parte do meio ambiente. Mais. A *deep ecology* cultiva um respeito profundo e reverência pelos diferentes modos e formas de vida. Existe uma igualdade de direito a viver e *florescer*. A qualidade de vida dos humanos "depende em parte do profundo prazer e satisfação que experimentamos ao compartilhar com outras formas de vida" (NAESS, 1973/2007, p. 99).

Naess corrige um princípio da teoria da evolução de Darwin. Para ele,

> [...] a chamada luta da vida e a sobrevivência do mais apto devem ser interpretadas no sentido da capacidade de coexistir e cooperar em relacionamentos complexos, em vez da capacidade de matar, explorar e suprimir. "Viva e deixe viver" é um princípio ecológico mais poderoso do que "ou eu ou você" (NAESS, 1973/2007, p. 99).

Anos mais tarde, A. Naess e G. Sessions divulgam os "Princípios básicos da Ecologia Profunda" (*Basic Principles of Deep ecology*), que são uma plataforma de luta em vista de uma nova humanidade

(NAESS; SESSIONS, 1984/2011). O primeiro deles enuncia: "O bem-estar e o florescimento da vida humana e não humana sobre a Terra têm valor em si mesmos (valor intrínseco, valor inerente). Esses valores são independentes da utilidade do mundo não humano para os propósitos humanos". Privilegiar a "qualidade de vida", e não o aumento do padrão de consumo, é o núcleo do 7º princípio, que diz respeito a uma mudança de mentalidade e de forma de viver. Postula abandonar os critérios de sofisticação e crescente elevação do "padrão de vida", que pauta a existência das pessoas, e optar por outra forma de considerar a vida, de crescimento baseado em valores, que os autores denominam "o florescimento humano". Mais qualidade e menos quantidade (NAESS; SESSIONS, 1984/2011; MURAD, 2020).

2. Bens comuns e bem comum: uma leitura teológico-pastoral

2.1 Panorama do bem comum no Ensino Social da Igreja Católica

Abordaremos agora, em visão panorâmica, como a Igreja Católica considera os bens comuns, relacionando-os com o clássico conceito de "bem comum".

No Ensino Social da Igreja Católica (sistematizada com o título de *Doutrina Social da Igreja* – DSI), predomina a expressão "bem comum". Ela se distingue da compreensão de "bens comuns", pois focaliza um parâmetro ético geral com fundamento na metafísica: o bem em contraposição àquilo que seria ruim ou prejudicial para todos (o mal e os males). De outro lado, o bem comum se realiza quando os bens comuns estão disponíveis para a maior parte da população, de forma comunitária. Recorre-se à reflexão de Tomás de Aquino (+1274) na *Suma Teológica*. Ele define o bem comum de três modos complementares: (a) é o bem que diz respeito a cada pessoa, como membro da natureza humana; (b) é partilhado por todos e pertence a todos; (c) inclui a distribuição dos bens a serviço da comunidade humana (como dinheiro, água e recursos médicos). Esse componente natural se fundamenta no sobrenatural, pois Deus é o sumo bem comum. Então, para Tomás de Aquino

> [...] o bem comum almeja uma ordem social de grau mais elevado em relação ao que se pode conseguir somando os bens de cada cidadão. Portanto, em Tomás, a noção de bem comum depende da convicção de que a pessoa humana é intrinsecamente social, orientada naturalmente ao bem e parte de um universo ordenado naturalmente. Finalmente, o princípio do bem comum tem um componente sobrenatural (Deus é o sumo bem comum) e um natural (a exigência prática do viver social) (VICINI, 2019).

No correr da história da DSI, ressurge a expressão "bem comum", em outro contexto. Desde os seus inícios, a DSI sustenta a responsabilidade do poder público para assegurar o bem comum (VICINI, 2019). Assim aparece na *Rerum Novarum*, de Leão XIII, em 1891 (RN 26), na encíclica *Quadragesimo Anno*, de Pio XI, em 1931 (QA 49), na *Mater et Magistra*, em 1961, de João XXIII (MM 12,41), e na *Pacem in Terris* (1963), do mesmo autor (PT 35,40).

A constituição pastoral *Gaudium et Spes*, do Concílio Vaticano II (1965), enfatiza a contribuição dos "corpos intermediários" em vista do bem comum, como as instituições profissionais, os sindicatos, os organismos internacionais, as famílias, os grupos sem fins lucrativos, as organizações econômicas, sociais, políticas e culturais (GS 74).

João Paulo II, na *Centesimus Annus* (CA, 1991), sustenta que o Estado deve harmonizar e orientar o desenvolvimento econômico para proteger o bem comum (CA 11,48).

No *Compêndio da Doutrina Social da Igreja* (CDSI, 2004, n. 160-164), o tema do "bem comum" é desenvolvido no capítulo 4, nos princípios fundamentais da DSI, ao lado de: a dignidade da pessoa humana, a subsidiariedade e a solidariedade. Esses princípios "devem ser apreciados na sua unidade, conexão e articulação" (CDSI 162). Eles constituem o parâmetro de referência para a interpretação e o exame dos fenômenos sociais (CDSI 161).

O bem comum não consiste na simples soma dos bens particulares de cada sujeito do corpo social. Sendo de todos e de cada um, é e permanece comum, porque indivisível e porque somente juntos é possível alcançá-lo, aumentá-lo e conservá-lo, também em vista do futuro (CDSI 164).

Na encíclica *Laudato Si'*, sobre o cuidado da casa comum (2015), o Papa Francisco coloca a categoria "bem comum" no horizonte da ecologia integral, tema do capítulo IV do documento (LS 137-162). A ecologia integral é mais do que ambiental. Como um belo mosaico, ela inclui diversas dimensões: política, econômica, cultural, étnica, do cotidiano e urbana. Do ponto de vista de Ensino Social da Igreja, o empenho pela ecologia integral significa uma expressão nova e original do compromisso pelo bem comum. Mais ainda.

Onde há tantas desigualdades e são cada vez mais numerosas as pessoas descartadas, privadas dos direitos humanos fundamentais, o princípio do bem comum torna-se imediatamente, como consequência lógica e inevitável, um apelo à solidariedade e uma opção preferencial pelos mais pobres (LS 158).

Sem usar explicitamente esse termo, no capítulo I da *Laudato Si'*, Francisco denuncia a apropriação e a exploração insustentável dos bens comuns, como o clima, a água, a biodiversidade e os biomas (LS 34-72).

O bem comum se estende para além da humanidade. Diz respeito também aos outros seres que habitam a Terra. Fazemos parte de uma casa comum, na qual cada criatura e o conjunto da biosfera têm valor em si mesmos e não podem simplesmente estar a serviço dos humanos (LS 33,69). Então, o que o bem comum tem a ver com a casa comum (o planeta Terra)?

À luz da fé cristã e por meio da *Laudato Si*[1] do Papa Francisco, vamos relacionar a pertinência da defesa dos "bens comuns" (*os comuns*) com o cuidado da Terra, nossa *casa comum*. Como existe um vínculo de toda criatura com seu Criador, a fé cristã exige uma atitude de cuidado com toda a criação (LS 64). É um chamado a não ser indiferentes ao clamor da Terra e ao clamor de nossos irmãos pobres e dos mais vulneráveis (LS 49). Isso significa a necessidade de uma mudança de nossos estilos de vida; a transformação do paradigma de civilização ocidental atual. Em outras palavras, a mudança de nosso coração, uma conversão integral: ecológica, econômica, social, cultural e espiritual (LS 216-221).

2.2 Terra, criação e casa comum

Os cristãos acreditam que Deus é a origem última de todos os seres. Tal crença não justifica a interpretação literal, fundamentalista, que, contrapondo-se à ciência, afirma que Deus criou o mundo em seis dias e nega o processo de evolução da matéria e de coevolução das espécies. O termo religioso "criação" tem dois sentidos complementares: (1) é a originária iniciativa divina, que cria a matéria e põe em marcha um processo até hoje aberto, em expansão, dirigido

---

[1] Os documentos oficiais da Igreja Católica são citados com a sigla das duas primeiras palavras que encabeçam o texto, normalmente em latim. O Papa Francisco criou uma exceção, pois nomeou essa Encíclica com as primeiras palavras de uma estrofe do Cântico das Criaturas do peregrino de Assis, no seu dialeto, que começa assim: "Louvado sejas, meu Senhor, com todas as tuas criaturas". Encíclica é o documento mais importante emitido por um papa. O termo significa originalmente uma "carta circular para as igrejas". Como há traduções em diversas línguas, não se usa para referência o número da página, e sim a numeração do parágrafo ou item com alguns parágrafos, marcados no texto.

à plenitude; (2) Também quer dizer a totalidade atual dos seres existentes no nosso planeta e no universo. Então, em linguagem religiosa se diz "criação", em vez de "natureza", ou o conjunto de seres abióticos e bióticos que, interconectados, compõem a Terra.

O mundo é "algo mais do que um problema a resolver; é um mistério gozoso que contemplamos na alegria e no louvor" (LS 12). Com estas palavras, o Papa Francisco salienta o mistério inesgotável de Deus nas criaturas, a ser contemplado e acolhido pelos humanos. A Terra é sacramento da presença divina: "A criação pertence à ordem do amor" (LS 77).

Os relatos bíblicos de Gênesis 1 e 2, em linguagem poética e simbólica, proclamam que Deus é criador de tudo: o céu e a terra; a luz; os mares; as árvores e plantas; o sol e a lua; os animais; todos os seres vivos (Gn 1,1-25; 2,4.9.19). Criou o ser humano à sua imagem e semelhança (Gn 1,26-27). Deus o modelou a partir dos elementos da terra, simbolizados pela argila do solo (Gn 2,7). Destarte, o nome do primeiro ser humano, Adão, é um substantivo coletivo que vem do termo hebraico 'adam (homem), designando que se origina de 'adamah, que quer dizer "do solo", "da terra". Revela-se a origem da descendência da espécie humana: filha de Deus e da Terra (CIRNE, 2013, p. 169).

Diante da sua criação, Deus viu que tudo era bom e a abençoou, fazendo-a fecunda e desejando seu feliz desenvolvimento (Gn 1,22). Os relatos bíblicos manifestam um Deus que, simultaneamente, fala e age. Sua palavra é performativa. Todas as criaturas têm um valor próprio diante de Deus, que as chamou à existência e à sua realização plena (LS 69).

Consequentemente, a criação e as criaturas não são valoradas segundo sua utilidade para os humanos, como se fosse uma coisa ou objeto a explorar. No interior de cada ser vivo está a marca do

Criador, seu Espírito (hálito de vida), que o anima e dinamiza. Nele se manifesta "uma dimensão simbólico-sacramental que aponta para uma realidade que a ultrapassa" (CIRNE, 2013, p. 154), revelando a bondade e a beleza do Criador. No amor de Deus todos os seres têm lugar; são contemplados por sua ternura e bondade (Sb 11,24-25). Nas palavras de Francisco: "Cada criatura tem uma função e nenhuma é supérflua" (LS 84).

A partir do Novo Testamento, o Deus Criador revela-se como comunidade amorosa, uno e trino. Deus é Pai, Filho e Espírito Santo (Mt 28,19). Ele é a presença e a comunhão plena que cria a partir de si mesmo (Jo 1,1-4). A criação tem em seu interior a marca do Criador e se orienta para a vida em comunhão. Em Jesus Cristo, o próprio Deus autolimitou-se e assumiu em si mesmo a carne de sua criação, para conduzi-la à realização plena, ou seja, salvá-la (Ef 1,10). E agora o Espírito age no interior das criaturas, dinamizando-as para seu aperfeiçoamento e para, assim, participar da vida divina em Deus (1Cor 15,28).

Na criação desvelam-se a origem e a interligação de tudo, à imagem do Deus-comunidade. A natureza e o ser humano compartilham tanto um princípio como um destino comum: Deus, o Criador, e a vida plena nele, porque tudo vem de Deus e tudo está a caminho para voltar a ele, transformada e plenificada. Nele a criação encontra sua feliz realização. E junto com toda a criação, "caminhamos nesta terra à procura de Deus" (LS 244). A consumação da história e da vida, seu florescimento completo, ocorrerá na interdependência, na comunhão.

"Nenhuma criatura basta a si mesma. Elas só existem na dependência umas das outras, para se complementarem mutuamente no serviço" (LS 86). A Terra torna-se "a casa, o *locus* comum" (CIRNE, 2013, p. 38), pois é o lugar dado por Deus para ser habitado para todas as criaturas *florescerem*, como se diz na ecologia profunda. Os seres existentes na Terra, mantendo sua singularidade, tornam-se "bens comuns". Nós, humanos, habitamos e partilhamos essa *casa comum* (LS 3,13). A Terra é a casa que reflete a beleza de Deus, tornando-se sacramento de comunhão com ele e com todas as criaturas (LS 9.11).

Ora, o ser humano tem uma presença única e diferente das demais criaturas. Ele foi modelado à imagem e semelhança do Criador. É chamado à existência na Terra para cultivá-la e cuidar dela (Gn 2,15). Nas palavras da Irmã Delir Brunelli, na sua intuição francisclariana:

> E a Mãe Divina olhou para o fruto de suas entranhas e viu que tudo era muito belo, sentiu que tudo era muito bom! E quis dar à Terra o maior de todos os presentes: a capacidade de amar. Por isso, gerou o homem e a mulher, à sua imagem e semelhança. Olhou para eles e disse: "Como se parecem comigo! Cresçam e cuidem da Terra, façam dela uma habitação agradável" (BRUNELLI, apud TAVARES, 2010, p. 14-15).

Nisso se revela o sentido e a finalidade da existência humana: viver em relação com seu Criador e todas as criaturas. Assim, manifesta-se sua identidade genuína. No entanto, a capacidade de amar pressupõe a consciência e a liberdade do ser (TAVARES, 2010, p. 83). Porque foi criado para se relacionar com o Criador e toda a criação, o ser humano é autônomo em seu livre-arbítrio, embora ecodependente, pois depende do meio físico e biológico para subsistir. Isso significa que tem a capacidade de fazer escolhas e se autodeterminar na Terra. E o Criador respeita a liberdade da sua criatura.

O projeto de amor divino é uma oferta de graça, uma *proposição* e não uma *imposição*. O ser humano está chamado a escolher o jeito bom e belo de habitar a Terra. Devido a sua liberdade, exprimem-se duas opções fundamentais: viver em comunhão com Deus, os outros humanos e toda a criação, ou na autossuficiência e no isolamento (Dt 30,15-20). Ele é responsável pelas escolhas e suas consequências. Pode tratar a Terra como a *casa comum*. Nesse caso, colabora com o divino para o florescer pleno da criação, tornando-se cocriador com ele e nele, ou rejeita e frustra o projeto divino e a si mesmo. Conduz a vida humana e a dos seres da Terra, até onde alcança sua ação, à degradação e à morte. Tal orientação negativa, traduzida em gestos, atitudes e iniciativas permanentes, é denominada no cristianismo de "pecado". Tradicionalmente a pregação cristã se concentrou nos pecados individuais. Nos últimos tempos ampliou sua visão, ao afirmar a existência do "pecado social" e do "pecado ecológico", e, em contrapartida, a necessária conversão, a mudança de vida. Tal conversão é pessoal, comunitária e ecológica.

O Papa Francisco nos convida a desenvolver uma atitude de abertura, de admiração e de encanto, para deixar-se tocar pela beleza da criação (LS 11). Assim, sentimo-nos interligados com Deus, os outros humanos, o planeta e todos(as) que nele coexistem. Reconhecemo-nos como habitantes e parte dela. Somos filhos e filhas da Terra, pois ela criou as condições necessárias para o surgimento da espécie humana, em um processo de evolução que se iniciou há aproximadamente 4,5 bilhões de anos. A Terra também é nossa mãe que nos nutre no presente. Como diz Francisco de Assis, no Cântico das Criaturas: "Louvado sejas, meu Senhor, pela nossa irmã, a Mãe Terra, que nos sustenta e governa, e produz variados frutos, com flores coloridas, e verduras". Somos também filhos e filhas de Deus que nos criou e nos adotou em seu Filho encarnado e glorificado, Jesus Cristo (Ef 1,3-5).

Permanece uma tensão entre a particularidade do humano e o valor de cada criatura no conjunto da criação. Do ponto de vista filosófico, tal tensão se manifesta entre o antropocentrismo em suas várias vertentes e o biocentrismo, ou ainda no ecocentrismo. Essa longa e interminável questão não será abordada aqui, pois foge do nosso foco. Importa reter que uma visão ecológica do ser humano e da ecodemocracia rejeita o *especismo*, que considera a humanidade como "a espécie superior", e com isso poderia explorar e subjugar todas as outras. Nossa espécie é compreendida na interdependência com as outras, em um jogo de múltiplos centros.

A consciência de pertença à Terra e a necessidade de cuidar dela estão presentes no estilo de vida dos povos originários do nosso continente latino-americano e caribenho. Eles cultivam uma cosmovisão e, por conseguinte, um jeito de agir na Terra diferente da civilização ocidental. A sua existência está vinculada com a grande comunidade de vida que é a Terra: água, solo, vento, florestas e vegetação, animais e humanos. Para a maioria dos povos indígenas, o vínculo com Deus e o sagrado tem a ver, necessariamente, com a Terra (LÓPEZ HERNÁNDEZ, 2016, p. 109). Dela provém todo o indispensável para viver e também dela se originam todos os seres. Sendo assim, a Terra é considerada nossa mãe.

Para os povos originários andinos, a Terra é a *Pachamama* (CAERO, 2011, p. 175) O termo *Pacha* (em quéchua e em aimará) expressa a totalidade do tempo e do espaço universal. E *mama* designa, literalmente, o sentido de ser mãe. Então, a *Pachamama* caracteriza o ser mãe de toda a existência; que tudo vem dela e a ela voltará, que tudo é sagrado (CAERO, 2011, p. 176.199). Para os povos mesoamericanos, a Terra também é mãe e seu significado tem a ver com o sustento e o ser parte dela. Assim, a Terra é chamada *Ipalnemohuani*, significando "Aquele ou Aquela por quem vivemos, quem sustenta a nossa vida" (LÓPEZ HERNÁNDEZ, 2020, p. 83).

A partir desses significados, entende-se que os povos originários mantêm um vínculo místico com a Terra porque provêm dela; a Terra os provê de vida e cuida deles. A Terra, enquanto território, torna-se o lugar de sua identidade originária; ela é o lugar de sua história, seus mitos, seus antepassados, sua sabedoria. Também é o lugar de sua esperança em um futuro melhor e diferente (PÉREZ, 2011, p. 162; LS 146). Para esses povos, a Terra não lhes pertence e não é um tipo de recurso a ser explorado ou mercantilizado. Caso contrário, ela possibilita sua existência e desenvolvimento. Ou, na linguagem da ecologia profunda, seu *florescimento*. A Terra é a sua casa, tornando-se *comum* porque nela e por meio dela se realiza a vida de todos os seres.

Para esses povos, o vínculo com a Terra (sua mãe) confere a responsabilidade para cuidá-la e defendê-la. Isso diz respeito ao mesmo tempo a cada um(a) e à sua comunidade. Dita responsabilidade não é considerada um dever ou uma imposição vinda de fora. O significado desse compromisso com a Terra e toda a criação emana da consciência de saber-se filhas e filhos da Terra; então, irmãs e irmãos dos outros seres. Por amor e reciprocidade à Terra, os povos originários a cultivam e a protegem dos diversos males. Eles cultivam a sabedoria de coexistir em harmonia com as forças cósmicas e os viventes.

2.3 O cuidado: a condição necessária para o desenvolvimento da vida em comunhão

Contemplando o desenvolvimento da vida na Terra ao longo de bilhões de anos, constatam-se diversas redes geradas entre os seres vivos, ao interagir com o seu ambiente. Tais redes evidenciam que "todos os seres vivos compartilham propriedades e princípios de organização comuns" (CIRNE, 2013, p. 107), possibilitando a reprodução e a sustentabilidade da vida. Ora, dito equilíbrio é afetado quando o agir humano ignora ou subestima a importância desses princípios de organização: dignidade singular, cooperação, reciprocidade, benefício comum etc. Como se contrapor à atitude de arrogância, à visão fragmentada do antropocentrismo moderno? Uma alternativa consiste no *cuidado* em perspectiva ecológica. O *cuidado*, além de sentimento, atitude e valor ético, é condição necessária para desenvolver uma *vida em comunhão*. O termo "comunhão", bastante utilizado no ambiente eclesial, significa: sintonia, colaboração, senso comunitário, respeito à alteridade e prática da caridade/solidariedade.

No seu livro *Saber cuidar* (1999, p. 13), Leonardo Boff apresenta com agudeza *o cuidado* como "um modo-de-ser" essencial, ontológico e originário "que revela de maneira concreta como é o ser humano". *O cuidado* é mais que um ato porque tem a ver com "a forma como a pessoa se estrutura e se realiza no mundo com os outros" (BOFF, 1999, p. 43). Consiste em uma maneira de existir e coexistir na Terra, pois designa o jeito de se relacionar com tudo (BOFF, 1999, p. 44). E dito modo de existência surge quando alguém (um ser) ou algo (coisa, lugar) tem importância para nós, configura-se como significativo para nossa vida (BOFF, 1999, p. 42).

O *cuidado* como "modo-de-ser" na Terra, o jeito de habitá-la, impulsiona o agir marcado pelo respeito ao outro(a) e os outros(as); pela preocupação e responsabilidade com ele(s), que esteja(m) bem e se desenvolva(m) do melhor modo possível, que floresçam. A partir *do cuidado*, o outro(a) tem um valor próprio muito além de sua utilidade. Sua alteridade própria nos interpela a responder com compromisso, reciprocidade e carinho. Viver em comunhão com os outros só é possível a partir *do cuidado*, uma vez que esses/essas não são nem inimigos(as) nem desconhecidos(as).

O conceito de *cuidado* ajuda a aprofundar o sentido da existência do ser humano na Terra, expresso na Bíblia. Em Gn 2,15, diz-se que Deus colocou o ser humano no seu "jardim" para "cultivá-lo e guardá-lo". O termo "cultivar" faz referência ao âmbito da agricultura e ao trabalho da terra para fazê-la fecunda. Estende-se, nos dias atuais, a toda atuação humana na biosfera e na tecnosfera. Já o verbo "guardar" designa a ação de vigiar para defender, proteger, preservar (LS 67). A interligação de ambos evidencia o significado da vocação dada por Deus ao ser humano em relação ao nosso planeta. Cultivar sem guardar leva à ilusão do progresso ilimitado, de que a Terra é como um "saco sem fundo", da qual se extrai o máximo possível. Guardar sem cultivar torna inviável a vida humana no planeta, ocupada por quase 8 bilhões de pessoas. Cultivar e guardar exige um modelo econômico de extrair, produzir, transformar, *distribuir*, consumir e reciclar que assuma e amplie os bens comuns, como abordamos na primeira parte deste capítulo. Essa é uma forma de exercer a ecodemocracia.

A partir desse relato bíblico, entendemos que não se nega nem a liberdade nem a importância da atuação humana no mundo. Deus confere à humanidade a responsabilidade de fazer fecunda sua criação, com carinho e responsabilidade, por amor. Dessa maneira, a harmonia e o equilíbrio serão mantidos. Quando a espécie humana responde positivamente a dito chamado e desenvolve a responsabilidade a partir *do cuidado*, realiza sua genuína identidade de filho de Deus e filho da Terra. Floresce com as outras criaturas.

Um modelo paradigmático de vida em comunhão se encontra no livro dos Atos dos Apóstolos, que narra sobre a comunidade cristã das origens (At 2,42-47; 4,32-34). O autor (Lucas) descreve que "tudo entre eles era em comum", compartilhando tanto seus bens materiais (propriedades, dinheiro) como os espirituais (orações e a celebração da fração do pão). Faziam isso para que ninguém passasse necessidade de qualquer tipo, pois todos eram irmãs e irmãos. Nas palavras de Lucas, essa "primeira" comunidade cristã "era um só coração e uma só alma" (At 4,32). Poderíamos dizer que viviam a partir *do cuidado*, sentindo-se responsáveis pela vida de cada um(a) e da coletividade. Dessa maneira faziam crível o testemunho do Evangelho de Jesus e realizavam o projeto divino.

O relato sinaliza que viver em comunhão implica mudança de vida, o que no âmbito cristão se chama "conversão". Isso acontece pela ação do Espírito Santo, que impulsiona dita escolha. O amor a Jesus Cristo e o reconhecimento que ele é o caminho de vida plena levaram homens e mulheres a se converter e a transformar seu estilo de vida. Nas palavras de J. Jungues, "só a mística consegue transformar verdadeiramente comportamentos pessoais e converter em profundidade hábitos culturais arraigados" (apud CIRNE, 2013, p. 192). O amor emanado do vínculo gerado conduz a reconhecer a dignidade do(s) outro(s) e se engajar por uma vida em comunhão, na qual desabrocham a sensibilidade e o cuidado.

Jesus Cristo ensina que temos um Deus Pai comum, o que nos torna irmãos, convidando-nos a praticar o amor (LS 228), que implica gestos de cuidado mútuo. E isso, simultaneamente, nos conduz ao âmbito da vida pública, à participação social. Dessa maneira, o amor, manifestado como cooperação, colaboração e solidariedade, torna-se um princípio de ação política. O amor dirige nossa mirada e nosso agir para o bem comum, para o cuidado desses bens comuns necessários para o desenvolvimento da vida digna. Novamente, um exercício de ecodemocracia.

Francisco afirma que "o amor à sociedade e o compromisso pelo bem comum são uma forma eminente de caridade" (LS 231). Esse amor social "é a chave para um desenvolvimento autêntico" e "impele-nos a pensar em grandes estratégias que detenham eficazmente a degradação ambiental e incentivem uma *cultura do cuidado* que permeie toda a sociedade" (LS 231). Adotar atitudes pessoais e ações comunitárias de cuidado com as pessoas e os ecossistemas manifesta uma "conversão ecológica" (LS 92). À medida que construirmos uma comunidade universal que inclua cada vez mais pessoas e povos, sobretudo mais pobres e vulneráveis, será possível pensar em um futuro melhor e diferente para todos(as) na Terra (LS 92).

Os povos originários de nosso continente assumem *o cuidado* como um estilo de viver e habitar a Terra, de se relacionar com a criação. Sua cosmovisão se traduz na sabedoria do *bem viver* (*Sumak Kawsay*, em quéchua, ou *Suma Qamaña*, em aimará). O *bem viver* dos povos andinos expressa o horizonte (utopia) da dignidade e da plenitude da vida (CHIPANA QUISPE, 2014, p. 107). Dito horizonte considera o desenvolvimento da vida de todos os seres da Terra na interligação e na interdependência. Assim, encarna-se um estilo de vida humana imbuído de reciprocidade, cooperação, carinho e afeto (CHIPANA QUISPE, 2014, p. 108), ou seja, *de cuidado*. O *bem viver* torna-se um paradigma: a Terra e todos os seus seres (incluído o ser humano) têm o direito de viver e se desenvolver dignamente. A partir disso, entende-se a força e a valentia desses povos para resistir, proteger e defender seus territórios.

Os povos mesoamericanos expressam o *bem viver* com outros nomes. O horizonte utópico (e possível) é *Xochitlalpan*, que significa "a terra da flor, que é a verdadeira terra, ou seja, o lugar da sabedoria, da beleza, da harmonia" (LÓPEZ HERNÁNDEZ, 2011, p. 173). Também recebe o nome de *Tonacatlalpan*, que quer dizer "a terra de nossa carne e de nosso sustento, isto é, lugar da abundância, do bem-estar, do direito à vida para todos os filhos da terra" (LÓPEZ HERNÁNDEZ, 2011, p. 173). Segundo os Zapotecas (etnia concentrada na parte meridional do estado mexicano de Oaxaca), "nós, humanos, somos *yú* (pó) que vive em *layú* (terra, território) para transformá-la em *guidxilayú*, isto é, em planeta Terra, digna casa da humanidade inteira" (LÓPEZ HERNÁNDEZ, 2011, p. 174).

Para eles é fundamental começar a construir essa utopia no tempo presente (no aqui e no agora) através da fraternidade e da defesa da comunidade e de seus territórios. Eles sabem que a vida digna se alcança se "respeitarmos e colaborarmos com a Mãe Terra", pois "necessitamos dela e ela necessita de nós" (LÓPEZ HERNÁNDEZ, 2011, p. 174). Em outras palavras, a partir *do cuidado* a vida realizar-se-á em paz e harmonia, no *bem viver*.

2.4 O cuidado da casa comum e a ação evangelizadora da Igreja

A fé cristã é fonte de uma mística que renova a existência humana e seu estilo de vida na Terra. No entanto, ela corre o risco real de manter-se estagnada e presa em doutrinas incompreensíveis, orientações éticas anacrônicas e ritos engessados. O Papa Francisco afirma que "não é possível empenhar-se em coisas grandes apenas com doutrinas" (LS 216). As comunidades eclesiais são convocadas a cultivar uma espiritualidade enraizada no Deus-comunidade e relacionada à ecologia integral.

Isso implicará um longo e belo caminho de recuperar a sensibilidade à beleza da criação; revalorizar a arte e a poesia e articulá-las com os conceitos, religar o intelecto com o coração. Desse modo, revitalizaremos o vínculo com Deus Trindade, o Criador-redentor-recapitulador amoroso. Simultaneamente, será possível reconhecer-nos ligados à Terra e à criação; pensá-la e senti-la parte de nós; torná-la efetivamente uma casa comum para todos. Sem deixar de lado as outras dimensões da vida eclesial, no campo simbólico-sacramental encontra-se uma força vital para nutrir nosso vínculo com Deus, a humanidade e toda a criação.

Retomando o melhor da nossa contemporaneidade, as comunidades eclesiais devem refazer um caminho catequético, formativo e evangelizador, através da imagem, do gesto, do ícone, do simbólico, para favorecer o encontro com o mistério divino em Deus e na criação. O incremento da sensibilidade e do afeto é fundamental para fortalecer vínculos. Para os povos indígenas, o simbólico é a via primordial para gerar, nutrir e sustentar o liame com o divino, o sagrado da vida e o sentido de pertença à Terra. Além disso, lembremos que do vínculo afetivo emerge todo o sentido *do cuidado* enquanto modo de viver e habitar a Terra.

Será indispensável trabalhar para religar a nossa fé com a vida cotidiana. Assim, o que proclamamos como crença orienta nosso modo de agir na Terra. Coloca-se a tarefa de reelaborar, com enfoque ecológico e linguagem acessível, temas teológicos centrais como graça, pecado, reconciliação, conversão e salvação, e ver como eles se fazem presentes em nossa vida.

Renovar a iniciação cristã e a formação de jovens e adultos nos levará a identificar os sinais do Reino de Deus na natureza e na história, e também a perceber as forças de morte, as estruturas de pecado. Do ponto de vista social e ambiental, o mal se expressa em termos de injustiça e dominação, frustrando o projeto divino de uma vida na harmonia, na paz, na cooperação. Os povos originários têm consciência de que atos inconsequentes, tanto pessoais como coletivos, prejudicam a comunidade humana e a natureza, rompendo a consonância e o equilíbrio da vida. Por isso, seus ritos de purificação e as ações éticas visam restabelecer a comunhão, ou seja, o vínculo rompido.

Finalmente, é preciso erradicar o preconceito de que a fé e a política não se articulam. Muitos dos que defendem tal separação radical são os primeiros a se aliar a grupos políticos da elite, que ignoram os clamores dos pobres e da Terra. Sem ser partidário, o cristianismo é político, porque a caridade/solidariedade postula compromissos na *polis*, na sociedade civil. Nesse sentido, são esclarecedoras as palavras do Papa Francisco, que ligam a caridade cristã com "o amor à sociedade" e com "o compromisso pelo bem comum", com "a cultura do cuidado". E isso implica, necessariamente, a defesa dos bens comuns.

Parece-nos que *o cuidado* é uma maneira contemporânea para falar da caridade cristã tanto no âmbito eclesial como no civil. Auxilia a dialogar com a sociedade, reconhecendo a pluralidade de ideias, de crenças religiosas e cosmovisões geradoras dos estilos de vida. Dessa maneira, ensaia-se estabelecer "alguns comuns" (regras, normas, políticas locais e planetárias) para impulsionar o florescimento humano, a vida digna, justa e alegre para todos(as).

Conclusão aberta

A associação dos "bens comuns" com o "bem comum" é fundamental para o desenvolvimento da ecologia integral (prática) e da ecoteologia (pensar a ecologia à luz da fé). Quando refletimos sobre os bens comuns e a tendência da "sociedade de mercado", para que eles sejam privatizados e mercantilizados, reafirmamos que ecologia é bem mais do que "preservar" ou "zelar o verde". Ela está imbricada na adoção de um estilo de vida e de um modo sensato de produzir e consumir que favoreça o cuidado com a vida, em toda sua extensão, ou seja, o florescer humano e das outras criaturas, de forma interdependente. Está em jogo a visão de sociedade e uma antropologia que superem o individualismo e o consumismo, danosos para o meio ambiente e as comunidades humanas. O antropocentrismo despótico da atualidade deve dar lugar a uma posição de humildade, lucidez e reciprocidade do humano em relação à Terra.

Ao tratar dos bens comuns, articula-se a justiça socioambiental e a nossa responsabilidade pelo futuro das novas gerações, com as lutas concretas por água, solo, segurança alimentar, espaços públicos, geração e difusão do conhecimento etc. As perspectivas se expandem para além dos clássicos "direitos humanos", ao incluir a dignidade de todas as criaturas e os "direitos da Terra".

A defesa dos bens comuns, no horizonte do bem comum, é um exercício concreto de ecodemocracia. Implica o desenvolvimento de valores vitais, como a cooperação, o reconhecimento da diversidade humana e ambiental, e o respeito pela alteridade dos ecossistemas. Inclui não somente o direito de escolher nossos representantes no âmbito do executivo e do legislativo e a afirmação de um ordenamento jurídico correspondente, como também convoca à participação dos cidadãos e cidadãs de forma proativa e criativa, para enfrentar a tendência à apropriação privada dos bens coletivos.

A fé cristã nos inspira a reconhecer que somos filhos e filhas da Terra e habitantes de nossa casa comum, que nos é oferecida como graça e tarefa por Deus. Como seguidores de Jesus, acolhemos o valor irrenunciável dos humanos e das outras criaturas. E como há uma distância inegável entre o ideal que almejamos e nossas atitudes, ações coletivas, ideologias e estruturas, somos chamados a trilhar um caminho de conversão ecológica. Trilha árdua, repleta de descobertas, com muita beleza a nos encantar. E, assim, caminhamos na esperança!

Referências

BOFF, Leonardo. *Saber cuidar*: ética do humano – Compaixão pela terra. Petrópolis, RJ: Vozes, 1999.

BOFF, Leonardo; DE ESCOTO, M. Declaração Universal do Bem Comum da Terra e da Humanidade. In: GONÇALVES DOS SANTOS, Joe Marçal; SUSIN, Luiz Carlos (Org.). *Nosso planeta, nossa vida*: ecologia e teologia. São Paulo: Paulinas, 2011. p. 13-21.

CAERO, Victor Bascopé. Terra e água: a vida no seio da *Pachamama*. In: GONÇALVES DOS SANTOS, Joe Marçal; SUSIN, Luiz Carlos (Org.). *Nosso planeta, nossa vida*: ecologia e teologia. São Paulo: Paulinas, 2011. p. 175-181.

CHIPANA QUISPE, Sofía. Corazonares desde el Buen Vivir. *Voices: Ecologia Profunda, Espiritualidad y Liberación*, vol. XXXVII, n. 2014/2-3, p. 105-116, April-September, 2014. Disponível em: http://eatwot.net/VOICES/VOICES-2014-2&3.pdf. Acesso em: 20 jun. 2021.

CIRNE, Lúcio Flávio Ribeiro. *O espaço da coexistência*: uma visão interdisciplinar de ética socioambiental. São Paulo: Loyola, 2013.

ESPOSITO, Roberto. *Filosofia do bem comum*. Disponível em: http://www.ihu.unisinos.br/sobre-o-ihu/173-noticias/noticias-2011/502044-filosofia-do-bem-comum-artigo-de-roberto-esposito. Acesso em: 20 jun. 2021.

FÓRUM SOCIAL MUNDIAL. *Manifesto pela recuperação dos bens comuns da humanidade*. Belém do Pará, Brasil, 2009. Disponível em: http://samadeu.blogspot.com/2009/02/manifesto-pelo-resgate-dos-bens-comuns.html. Acesso em: 20 jun. 2021.

FRANCISCO, Papa. *Laudato Si'*: sobre o cuidado da casa comum. São Paulo: Paulinas, 2015.

LAVAL, Christian; DARDOT, Pierre. *Común*: ensayo sobre la revolución del siglo XXI. Barcelona: Gedisa, 2015. p. 9-212. ePUB.

LÓPEZ HERNÁNDEZ, Eleazar. *Guidxilayú*: teologia indígena da terra. In: SUSIN, Luiz Carlos; GONÇALVES DOS SANTOS, Joe Marçal (Org.). *Nosso planeta, nossa vida*: ecologia e teologia. São Paulo: Paulinas, 2011. p. 167-174.

LÓPEZ HERNÁNDEZ, Eleazar. Hacia una ecología profunda desde la perspectiva indígena. *Voices*: Más allá de la *Laudato Si'*, vol. XLII, n. 1, p. 82-88, january-july 2020. Disponível em: http://eatwot.net/VOICES/VOICES-2020-1.pdf. Acesso em: 07 dez. 2021.

LÓPEZ HERNÁNDES, Eleazar. *Laudato Si'*: comentários desde una perspectiva indígena. In: AQUINO, M. P. (Org.). *Voices*: *Laudato Si'* y Ecologia, vol. XXXIX, n. 2, p. 105-116, July-December 2016. Disponível em: http://eatwot.net/VOICES/VOICES-2016-2.pdf. Acesso em: 07 dez. 2021.

MALERBA, Julianna. Bens comuns. In: LESBAUPIN, Ivo; CRUZ, Mauri (Org.). *Novos paradigmas para outro mundo possível*. São Paulo: Usina, 2019. p. 91-103.

MATTEI, Ugo. *Bienes comunes*: un manifiesto. Madrid: Trotta, 2013.

MURAD, Afonso. Ecologia profunda e ecologia integral. *Revista Voices*, p. 133-141, jan.-jun. 2020.

NAESS, Arne. Los movimientos de la ecología superficial y la ecología profunda: un resumen (original: 1973). *Revista Ambiente y Desarrollo*, Santiago de Chile, 23 (1): 95-97, 2007, p. 98-101.

NAESS, Arne; SESSIONS, George. *Basic Principles of Deep ecology*: The Anarchist Library. 1984/2011. Disponível em: theanarchistlibrary. org. Acesso em: 20 jun. 2021.

PÉREZ, M. *Tiyat – Tlali*: a Terra, mãe da humanidade. In: GONÇALVES DOS SANTOS, Joe Marçal; SUSIN, Luiz Carlos (Org.). *Nosso planeta, nossa vida*: ecologia e teologia. São Paulo: Paulinas, 2011. p. 159-165.

PONTIFÍCIO CONSELHO "JUSTIÇA E PAZ". *Compêndio da Doutrina Social da Igreja*. Vaticano, 2004. Disponível em: https://www.vatican.va/roman_curia/pontifical_councils/justpeace/documents/rc_pc_justpeace_doc_20060526_compendio-dott-soc_po.html. Acesso em: 20 jun. 2021.

RAMIS OLIVOS, Álvaro. *El concepto de bienes comunes en la obra de Elinor Ostrom*. Disponível em: https://www.ecologiapolitica.info/novaweb2/?p=957. Acesso em: 20 jun. 2021.

TAVARES, Sinivaldo S. *Teologia da criação*: outro olhar – Novas relações. Petrópolis: Vozes, 2010.

VICINI, Andrea. Verbete: "Bem comum". *Theologica latino-americana*. Enciclopédia digital, 2019. Disponível em: http://teologicalatinoamericana.com/?p=1451. Acesso em: 20 jun. 2021.

VIVERET, Patrick. Sobre o bom uso do fim do mundo. In: GONÇALVES DOS SANTOS, Joe Marçal; SUSIN, Luiz Carlos (Org.). *Nosso planeta, nossa vida*: ecologia e teologia. São Paulo: Paulinas, 2011. p. 25-39.

CAPÍTULO 3

Democracia e crise ecológica: considerações sobre as possibilidades do desenvolvimento sustentável

Émilien Vilas Boas Reis
Marcelo Antônio Rocha

Enquanto o Brasil bate recordes de desmatamento (1,3 milhão de hectares de florestas só em 2018, 13.000 km², e 7.900 km² só na Amazônia, segundo o *Global Forest Watch*)[1] ilegal a fogo, bala, trator e motosserra, para abrir campo para a indústria agropecuária e para a posse de terras por grileiros, o último relatório do IPCC[2] (outubro de 2018) recomenda a implantação de novas florestas para reduzir o nível de CO_2 da atmosfera e aumentar a disponibilidade de recursos hídricos, bem como uma dieta com menos ou nenhum consumo de carne.

---

[1] Disponível em: <https://blog.globalforestwatch.org/data-and-research/mundo-per-de-area-do-tamanho-da-belgica-em-florestas-tropicais-primarias-em-2018>.
[2] Disponível em: <https://www.ipcc.ch/sr15/>.

No último relatório, "Perspectivas do Meio Ambiente Mundial",[3] lançado em 8 de maio de 2019, a ONU reforçou o alerta de que o planeta se dirige para um colapso climático, sanitário e social, e propõe mais uma vez que é preciso reduzir as emissões de gases de efeito estufa, diminuir os níveis de consumo (optar, por exemplo, pelo consumo consciente), proteger as águas e a biodiversidade e combater a miséria.

O texto aponta possíveis soluções democráticas para o problema da crise ecológica. Além do aparato jurídico ambiental, a ética prática, o mercado ecossocial, a educação ambiental e o consumo consciente são propostos como meios realistas e exequíveis de mitigação dos efeitos da destruição do meio ambiente.

A ameaça ao ambiente é uma questão relativamente ética. Para que ela cesse, dependemos urgentemente de uma alteração de conduta. A proteção à natureza independe de educação, riqueza ou mesmo religião. O Estado, as grandes empresas, os proprietários de terras, os cidadãos, infelizmente ninguém pode fugir da responsabilidade pela destruição ambiental. Todos têm cooperado para essa triste realidade que a sociedade mundial enfrenta atualmente.

A legislação ambiental não tem sido suficiente. A legislação sobre o tema é importante e deve existir, mas ela sozinha não leva a mudanças concretas e efetivas. As regras ainda são quebradas, principalmente quando se tem dinheiro suficiente para pagar as multas – por exemplo, muitas empresas cometem crimes ambientais, mas não se importam, pois sabem que não serão devidamente punidas e, se forem, terão dinheiro suficiente para arcar com o prejuízo, ou seja, preferem pagar milhões pela destruição em vez da preservação – ou o Estado não tem força (de vontade) o suficiente para fazer com

---

[3] Disponível em: http://www.ihu.unisinos.br/78-noticias/588966-o-colapso-da-terra-esta-cada-vez-mais-proximo?>.

que as penas e sanções impostas sejam devidamente cumpridas. Em muitos casos, a força intimidatória do ordenamento jurídico está desativada e só existe no papel.

É preciso fazer emergir uma nova cultura ambiental para coibir a reiteração de práticas lesivas disseminadas, que não podem mais ser toleradas. Mas isso não depende somente do Estado, pois ele não é o único responsável pela crise ecológica.

A crise ecológica é gerada por uma crise de valores e também pela incapacidade de gerirmos os problemas sociais de forma democrática.

Uma crise de valores envolve diretamente a atenuação do sentimento de obrigatoriedade em nossa forma de conviver e, paralelamente, a inflação da atitude reivindicatória. Ou seja, é preciso que o ser humano pare de se sentir obrigado a tomar determinadas atitudes, mudando seu modo de agir e de pensar, começando a perceber que as coisas têm que ser feitas não por obrigação, mas sim por complacência, compadecimento e responsabilidade. O ser humano tem que ter a consciência de que está interconectado com o mundo e com tudo o que o cerca e, além disso, reconhecer que é responsável por suas ações que, muitas vezes, é o que tem causado grande parte dos problemas atuais.

A formação de uma consciência ecológica ética é vista como única alternativa para tornar possível a vida em um planeta vítima de tantas degradações. Uma ética capaz de converter a ideia de que a natureza é um meio para que o homem alcance seus fins. É mais que urgente reavivar os valores éticos como a bondade e a solidariedade para com o meio ambiente e com todas as espécies de modo geral.

É preciso combater essa felicidade narcisista baseada na posse dos bens materiais e que exalta e vangloria o próprio "eu" e faz com que os outros sejam vistos como inimigos ou seres inferiores, secundários e considerados meros instrumentos de manipulação social.

É preciso superar a ideia de que o meio ambiente existe somente para satisfazer as necessidades pessoais e individuais e ter em mente que ele é um bem comum de todos. É preciso transformar a razão narcisista em razão ética. A educação ambiental é um dos instrumentos capazes de dar início a essa transformação. Promover a educação ambiental é dever de todas as pessoas conscientes, inteligentes, responsáveis e éticas. Não apenas os educadores, mas toda a sociedade tem que exercer essa função necessária para a construção do conhecimento, que será capaz de modificar e criar novos valores e condutas pró-ambientais.

A conscientização ecológica e a preocupação com o meio ambiente baseiam-se em alguns deveres éticos. O primeiro deles é o conhecimento e o estudo permanente sobre o tema. Por envolver inúmeras ciências, a ecologia reclama aprendizado contínuo. Conhecer mais e melhor, a cada dia, fará com que o ser humano exerça mais adequadamente a tutela pelo patrimônio ambiental. Como enfatiza Leonardo Boff (1999, p. 134), "para cuidar do planeta precisamos todos passar por uma alfabetização ecológica e rever nossos hábitos de consumo. Importa desenvolver uma ética do cuidado".

A questão da educação ambiental possui alguns imperativos éticos importantes a serem alcançados. Alguns deles são: (a) reeducar as pessoas para uma melhor adequação entre a cultura visual e a televisiva do meio ambiente e a práxis individual e social das pessoas; (b) propor uma educação ambiental que atinja a dimensão plural da liberdade do homem, promovendo uma verdadeira metanoia; (c) articular uma educação ambiental com um planejamento sociopolítico verdadeiramente condizente com as necessidades locais e regionais, possibilitando a interação e a integração das pessoas com o meio ambiente circundante, ajudando-as no processo de preservação do espaço socioambiental.

Toda ação pró-ambiental é bem-vinda. Toda omissão na defesa do ambiente é inadmissível. Falha ética intolerável é o desconhecimento consentido e o descomprometimento com aquilo que é tarefa de todos: conhecer melhor para melhor saber conservar o ambiente (NALINI, 2001, p. 32). É fundamental ter em mente que o saber ecológico é para todos e não somente para os especialistas. O cidadão não pode continuar a ignorar, por exemplo, o aquecimento global, a poluição do ar, o buraco na camada de ozônio, o efeito estufa, os desmatamentos, a extinção dos animais etc. Tem que a cada dia conhecer a fundo esses problemas, entender que faz parte do mundo, do ecossistema, e saber que tudo o que está acontecendo com o planeta reflete ou irá refletir direta ou indiretamente e de maneira considerável em sua vida e na vida de cada ser existente na face da Terra. O cidadão precisa ser verdadeiramente cooperativo e participativo na causa ambiental. Se ele tiver como meta salvar o planeta, salvará também a própria vida e dos seus descendentes.

É preciso ter consciência da escalada do impacto humano sobre a natureza, para se imbuir de coragem e dizer "basta!". O empobrecimento, a fome, a má nutrição mundial derivam da degradação do ambiente. Tal consciência só será ativada após a descoberta do papel da ética na missão de proteger o ambiente. Segundo Boff,

> para isso cada pessoa precisa descobrir-se como parte do ecossistema local e da comunidade biótica, seja em seu aspecto de natureza, seja em sua dimensão de cultura. Precisa conhecer os irmãos e irmãs que compartem da mesma atmosfera, da mesma paisagem, do mesmo solo, dos mesmos mananciais, das mesmas fontes de nutrientes; precisa conhecer os tipos de plantas, animais e microrganismos que convivem naquele nicho ecológico comum; precisa conhecer a história daquelas paisagens, visitar aqueles rios e montanhas, frequentar aquelas cascatas e cavernas; precisa conhecer a história das populações que aí viveram sua saga e

construíram seu hábitat, como trabalharam na natureza, como a conservaram ou depredaram, quem são seus poetas e sábios, heróis e heroínas, santos e santas, os pais/mães fundadores da civilização local (BOFF, 1999, p. 135).

O uso ineficaz e desordenado dos recursos naturais vem causando, cada vez mais, um enorme desequilíbrio ambiental no ecossistema do planeta, o que está fazendo com que o meio ambiente se torne vulnerável e esteja fadado a uma crise ambiental com repercussões sociais desastrosas, sem precedentes e irreversível.

Nos últimos anos, a humanidade tem almejado com grande intensidade a modernização de seus países e o crescimento econômico. Esse humanismo moderno atribuiu ao indivíduo um papel central como explorador da natureza. A crença no progresso histórico, endeusando o novo e o moderno, favorecendo uma razão puramente instrumental, e também na capacidade transformadora ilimitada da tecnologia, levou à destruição da natureza para atingir objetivos estreitos do presente, prejudiciais ao homem em uma perspectiva longa da história (ALMINO, 1993, p. 17). De acordo com o Princípio 1 da Declaração de Estocolmo,

> o homem é, a um tempo, resultado e artífice do meio que o circunda, o qual lhe dá o sustento material e o brinda com a oportunidade de desenvolver-se intelectual, moral, social e espiritualmente. Na longa e tortuosa evolução da raça humana neste planeta, chegou-se a uma etapa na qual, em virtude de uma rápida aceleração da ciência e da tecnologia, o homem adquiriu o poder de transformar, por inúmeras maneiras e numa escala sem precedentes, tudo quanto o rodeia. Os dois aspectos do meio humano, o natural e o artificial, são essenciais para o bem-estar do homem e para que ele goze de todos os direitos humanos fundamentais, inclusive o direito à vida (ONU, 1972).

Grande parte dos danos causados ao meio ambiente, percebidos atualmente, se deu no passado e teve início com o advento do capitalismo, mais precisamente com Revolução Industrial, em meados do século XIX. Também na segunda metade do século passado, havia uma urgente necessidade de que o sistema crescesse e se desenvolvesse às custas da dominação técnica sobre a natureza, mediante a exploração eficaz dos recursos naturais.

Nesse período se inicia uma alta escala de produção de bens de consumo e propaga-se a ideia de que a felicidade individual depende do consumo desses bens. Tal necessidade de produção dos países desenvolvidos, que alcançaram sua meta de desenvolvimento e crescimento sem pensar nas consequências desse avanço sobre a natureza, se deu sem que houvesse uma preocupação concreta e efetiva em aliar preservação e progresso, ideais que se tornaram cada vez mais incompatíveis.

O espetáculo da construção da história parece totalmente entregue às forças transformadoras da razão instrumental. E tais forças tendem a desrespeitar, como é notório, qualquer limite, qualquer forma de autocontrole. Elas são constituídas por um complexo de fatores que se estende do individualismo capitalista à suficiência, por assim dizer, fatalista das inovações tecnológicas (ALMINO, 1993, p. 17).

Com o passar dos anos, os recursos utilizados para movimentar e abastecer a máquina capitalista começaram a se tornar cada vez mais escassos. O que se pode notar é que o progresso dessas potências, apesar de ter alcançado resultados econômicos benéficos, tais como aumento da renda *per capita*, do PIB e avanços significativos na área de tecnologia e da indústria, também possui inúmeros malefícios.

A destruição do meio ambiente pode se resumir em um ciclo vicioso – extração dos recursos naturais, produção, consumo e descarte –, que tem como consequência os diversos desastres ambientais vivenciados no presente, tais como o aumento da poluição atmosférica, da poluição dos rios e mares, o aquecimento global causado pelo efeito estufa, o consumismo desenfreado da população, que acarreta maior produção de lixo, gerador de ainda mais poluição, o desperdício de água e energia e a extinção de espécies da fauna e da flora, entre outros inúmeros fatores.

Durante longo período da história da humanidade, a sociedade vivenciou um antropocentrismo exacerbado, no qual o homem era considerado o personagem principal e tudo girava ao seu redor, com a intenção egoísta e egocêntrica de satisfazer somente suas necessidades. É importante salientar que não somente a produção como também o consumismo são fatores que contribuíram e vêm contribuindo profundamente para a destruição gradual do meio ambiente. Diante disso, o despertar da conscientização para a preservação do meio ambiente se deu de forma muito tardia, devido a esse padrão de progresso e civilização invariavelmente preso à desvinculação do homem com o meio natural.

Atualmente, os países subdesenvolvidos ou em desenvolvimento, tais como o Brasil, são os que estão na corrida pelo crescimento. Há uma busca intensa e incessante pelo aumento das riquezas, pelo avanço tecnológico e industrial, na tentativa de se igualar aos países do chamado "primeiro mundo". Com isso, o planeta continua correndo o risco de ter seus recursos naturais escasseados, o que afeta diretamente o meio ambiente e o ecossistema, que está cada vez mais desequilibrado.

Na natureza pode ser encontrado todo tipo de recurso natural para a sobrevivência. O problema é que a população mundial não para de crescer e, até então, só vem aumentando, na mesma proporção, o consumo de bens e serviços necessários para sua sobrevivência. Alguns seres humanos consomem mais do que outros e quem sofre as consequências é o meio ambiente. Como se sabe, os recursos naturais não são infindáveis. Em cinquenta anos, serão necessários dois planetas Terra para sustentar a população mundial, o que constitui uma demanda impraticável por recursos naturais (INSTITUTO AKATU, 2011).

O extraordinário crescimento da população mundial desde o século XVIII – e particularmente durante o século XX, quando ela quase quadruplicou – é obviamente uma das principais causas de uma mudança radical no relacionamento entre a civilização humana e o sistema ecológico da Terra. O impacto de quantidades maiores de seres humanos seria menor, claro, se o consumo médio dos recursos naturais fosse menor e se as tecnologias que usamos atualmente para explorar as riquezas do planeta fossem substituídas por outras melhores e mais eficientes, que minimizassem os danos ambientais que causamos (GORE, 2010, p. 226).

Fato é que a economia depende diretamente do meio ambiente. Sem os recursos naturais, que são utilizados como matéria-prima pelas indústrias, seria praticamente impossível a fabricação dos diversos produtos existentes no mercado e que são consumidos pela população. Porém, a exaustão da economia se reverterá em escassez e desaparecimento desses recursos.

Outro ponto fundamental, que não deve ser esquecido, é que o meio ambiente não tem por exclusiva função sustentar a economia, pois ele é também fator importante e indispensável para a qualidade de vida dos seres humanos e de todas as espécies de modo geral.

Um grande problema que tem ocorrido é que se confunde desenvolvimento com crescimento econômico. Este é apenas condição necessária para aquele, mas não o suficiente. Um país deve ser considerado desenvolvido quando há um equilíbrio social, e isso inclui melhorias e investimentos em educação, cultura, saúde, qualidade de vida, preservação ambiental, infraestrutura e outros fatores que contribuem para tornar rica uma nação.

Na tentativa de frear os problemas já causados surgiu, nesse cenário, o princípio do "desenvolvimento sustentável", que significa a "alternativa de criação de riquezas sem destruir os suportes dessa criação ou forma de desenvolvimento que não agride o meio ambiente, de maneira que não prejudica o desenvolvimento vindouro" (NALINI, 2001, p. 123).

Segundo a definição do Relatório "Nosso futuro comum" (Comissão Brundtland),[4] desenvolvimento sustentável deve ser entendido como "aquele que satisfaz as necessidades do presente sem comprometer a capacidade de as gerações futuras satisfazerem as suas próprias necessidades" (BELTRÃO, 2011, p. 51-52). Embora a sustentabilidade possua diversas interpretações, a maioria dos especialistas concorda que esse conceito deve compreender equidade social, prosperidade econômica e integridade ambiental.

Diante do retrato atual do planeta, torna-se urgente e necessário aliar a produtividade do capital com a utilização saudável dos insumos. O processo econômico tem que se servir da natureza de modo mais duradouro, moderado e saudável do que se tem mostrado até hoje.

Como já foi dito, tanto os países desenvolvidos quanto os países periféricos, ou em desenvolvimento, utilizam-se dos recursos naturais em seus meios de produção. Ambos provocam um enorme impacto na sociedade global, ocasionado por uma exploração intensificada em busca de um retorno lucrativo a curto prazo. A diferença é que os países ricos, por possuírem maior infraestrutura e tecnologia, têm

---

[4] Em 1984, na Comissão Mundial sobre Meio Ambiente, Gro Harlem Brundtland, que exerceu o cargo de primeira-ministra da Noruega a partir de 1981, presidiu tal Comissão, que, após três anos de estudos e atividades, publicou, em 1987, suas conclusões em um documento intitulado "Nosso Futuro Comum", que passou a ser conhecido como o relatório de Brundtland.

maior poder para explorar tais recursos, extraindo o máximo que podem da natureza e consequentemente produzindo mais, consumindo mais e poluindo mais.

Já os países pobres, por ainda possuírem uma carência em seu sistema produtivo e por não terem tantas condições para investir em tecnologia e equipamentos, utilizam-se dos recursos de maneira ineficaz. Portanto, tanto a riqueza quanto a pobreza são prejudiciais para a comunidade global.

Diante de tudo isso, o resultado que se tem até agora é a formação, em escala mundial, de um consumismo exagerado, reflexo da crueldade e da ineficácia do atual sistema. O lema tem sido: quanto maior a produção, maior o consumo. Se os valores da sociedade atual não forem revistos e reconstruídos, os excessos do presente serão infinitamente prejudiciais às gerações futuras, que sofrerão direta e indiretamente as consequências dessa intensificada exploração do meio ambiente:

> Se as pessoas escolhessem fazer desses valores uma prioridade, eles poderiam ter um papel crucial no sentido de reforçar a habilidade do ser humano em sustentar um comprometimento de múltiplas gerações com as mudanças agora necessárias para cumprir nosso papel de bons administradores do planeta Terra (GORE, 2010, p. 307).

1. Peter Singer e os fundamentos da "Ética prática"[5] para a preservação do meio ambiente

Em sua obra *Ética prática*, o renomado filósofo australiano Peter Albert David Singer dedica um capítulo sobre a proteção ao

---
[5] "Ética prática" focaliza a aplicação da ética nas difíceis e controvertidas questões sociais, como: igualdade e discriminação de raças; aborto; eutanásia; estatuto moral dos animais; responsabilidade para com o meio ambiente, entre outros. Singer expõe e demonstra os argumentos básicos de modo perspicaz e não doutrinário.

meio ambiente e a aplicação da ética no mesmo, descrevendo ideias importantes e relevantes, que se tornam essenciais para a formação da "consciência ecológica".

Singer é um filósofo utilitarista.[6] Para ele, na medida em que alguém vive de acordo com padrões éticos, deve justificá-los não apenas em termos de interesse pessoal, mas demonstrando que os atos com base nesse interesse pessoal devem ser compatíveis com princípios éticos referentes a um público maior.

A preservação do planeta é mais do que o problema de desequilíbrio ambiental. É, antes de tudo, um problema ético condescendente. Por isso, o ser humano deve levá-lo em conta e verificar quais são seus deveres e suas responsabilidades para garantir a proteção do meio ambiente e o bem-estar das presentes e futuras gerações.

É nesse patamar que entra a ética como um caráter universal, fazendo com que o indivíduo atribua aos interesses alheios o mesmo valor que atribui aos seus próprios. Ou seja, os interesses de uma pessoa não podem contar mais do que os interesses de outra. De acordo com Singer (2006, p. 20), a ética exige que se extrapole o "eu" ou o "você" e cheguemos à lei universal, ao juízo universalizável.

A minha razão para propor é a que segue. Ao aceitar que os juízos éticos devem ser formulados de um ponto de vista universal, estou a aceitar que os meus próprios interesses, só porque são os meus interesses pessoais, não podem contar mais do que os

---

[6] Peter Singer segue a corrente utilitarista, que considera como moralmente corretas as ações que produzem as consequências mais favoráveis às preferências dos seres envolvidos, ainda que em várias ocasiões ele expresse opiniões de *utilitarismo de ação* (ações corretas são aquelas que trazem felicidade para o maior número de pessoas) e *utilitarismo de regra* (ações corretas são aquelas que atendem a regras gerais que conduzem ao melhor bem, que é o tipo de utilitarismo que ele defende com relação a animais não humanos.

interesses de qualquer outra pessoa. Assim, a minha preocupação natural em defender os meus interesses tem de se alargar, quando penso eticamente, aos interesses alheios. Ora se imagine que estou a tentar decidir entre duas linhas de ação possíveis (SINGER, 2006, p. 21).

Ao contrário de muitas outras sociedades humanas, mais estáveis e voltadas para as suas tradições, a formação política e cultural do mundo ocidental tem uma grande dificuldade de admitir valores a longo prazo. Todas as tomadas de decisão e as vantagens decorrentes delas, seja na área econômica, política ou social, visam a vantagens a curto prazo. O problema é que os efeitos de tais vantagens também possuem um prazo curto para durar. Todas as medidas relacionadas aos setores econômicos, políticos e sociais devem ser criadas e pensadas para gerar efeito também no futuro. De nada adianta prover as necessidades da população no presente, se no futuro não se tem a mínima garantia de que as pessoas terão, ao menos, suas necessidades básicas atendidas. A sustentabilidade deve estar presente não só nas atitudes dos indivíduos como também os governos devem tomar suas decisões nos diversos setores da sociedade, baseando-se em atitudes mais sustentáveis, pois elas são capazes de gerar vantagens a longo prazo.

Esse é um jeito prático de entender como deve funcionar a aplicação da ética universal proposta por Singer. As nações devem pensar não só em seus próprios interesses como também, desde já, nos interesses das nações futuras. Se agora, no presente, a humanidade criar meios para que as futuras gerações sejam capazes de prover as necessidades básicas próprias e da maioria das pessoas, é possível esperar que, nos próximos séculos, elas também passem a valorizar a natureza pelos mesmos motivos que agora. Isso será possível a partir da renovação das atitudes e valores para com o meio ambiente, adotando medidas mais respeitosas e sustentáveis de viver.

Até certo ponto, depende de nós o fato de as futuras gerações valorizarem ou não os ambientes naturais. Através de nossa preservação das áreas verdes estamos dando às gerações futuras uma oportunidade e, através de nossos livros e filmes, podemos criar uma cultura capaz de ser transmitida dos nossos filhos aos nossos netos e assim sucessivamente. Desse modo, não lesaremos as futuras gerações da mesma maneira que fomos lesados pelas gerações passadas (SINGER, 2006, p. 287).

A ética proposta por Singer visa englobar também indivíduos não humanos em seu escopo, retirando de sua teoria o caráter humanista, colocando-a em uma conjuntura ética universal. Ou seja, a ética universal também deve ir além dos seres humanos, englobando todas as espécies. Segundo ele, é arbitrário defender o ponto de vista de que só os seres humanos possuem um valor intrínseco. Por exemplo, provocar a morte de uma pessoa e de um ser que não é uma pessoa não deve significar que a morte de um animal que não é uma pessoa deva ser tratada com menor importância.

De acordo com Singer (2006, p. 292), "levar uma ética além dos seres sencientes, e fazê-lo plausivelmente, é uma tarefa difícil. Uma ética que tenha por base os interesses de criaturas sencientes parte de premissas bem conhecidas. As criaturas sencientes têm vontades e desejos". Ele ainda descreve o seguinte:

> A ética consiste nisto: no fato de eu vivenciar a necessidade de pôr em prática o mesmo respeito pela vida, e de fazê-lo igualmente, tanto com relação a mim mesmo quanto no que diz respeito a tudo o que deseja viver. Nisso já tenho o principal princípio de moralidade. É bom conservar e acalentar a vida; é ruim destruir e

reprimir a vida. O homem só será realmente ético quando obedecer ao dever que lhe é imposto de ajudar toda a vida que for capaz de ajudar e quando se der ao trabalho de impedir que se causem danos a todas as coisas vivas (SINGER, 2006, p. 294).

Portanto, uma nova ética é necessária, uma ética que trate da relação do homem com a Terra, com os animais, com tudo o que nela vive. Tal ética será capaz de ampliar as fronteiras das comunidades, de modo a incluir e considerar todas as espécies como parte de um ecossistema unificado e interligado.

O ser humano deve não simplesmente respeitar todas as coisas vivas como também atribuir a essas vidas o mesmo valor que atribui a si próprio. É o chamado "igualitarismo biocêntrico", proposto por Bill Devall e George Sessions (1985, p. 67):

> A intuição da igualdade biocêntrica é a de que, na biosfera, todas as coisas têm o mesmo direito de viver e florescer, bem como de alcançar as suas formas individuais de desenvolvimento e autorrealização dentro da autorrealização maior. Essa intuição básica é a de que, enquanto partes do todo interligado, todos os organismos e todas as entidades da ecosfera são iguais em termos de seu valor intrínseco.

Em suma, a ética ambiental proposta por Singer privilegia o aproveitamento e a reciclagem de recursos, considerando negativos o consumo e a extravagância desnecessários. Incentiva a consideração dos interesses de todas as criaturas sencientes, inclusive daquelas que habitarão o planeta em um futuro distante. Inclui uma estética da apreciação dos lugares naturais não devastados pelo homem. Rejeita os ideais de uma sociedade materialista que mede o sucesso pelo número de bens de consumo acumulados por alguém. Para ele, esse sucesso deveria ser avaliado em termos do desenvolvimento das aptidões individuais e da verdadeira conquista da satisfação e realização.

2. Sustentabilidade: o viés da proteção ambiental

O termo "sustentabilidade" corresponde à "administração racional dos sistemas naturais, de modo a que a base de apoio da vida seja repassada em condições iguais ou melhores às gerações futuras" (BELTRÃO, 2011, p. 51). Ou seja, "consiste na possível conciliação entre o desenvolvimento, a preservação do meio ambiente e a melhoria da qualidade de vida" (BELTRÃO, 2011, p. 51).

Apesar de se ouvir muito falar em sustentabilidade, ainda não existe um consenso a respeito. Em diversos setores da sociedade existe muita divergência e relutância, o que faz com que a tese do desenvolvimento sustentável ainda se mostre um tanto quanto dramática. Diante da escassez dos recursos naturais, há cada vez mais um choque de interesses dos diversos setores da sociedade acerca de sua utilização.

Setores mais esclarecidos a consideram parâmetro inevitável da moderna atividade econômica. Outros setores, muito mais fortes e estrategicamente organizados, confrontam o asserto propugnando pela exploração intensificada e de retorno lucrativo imediato, como forma de recuperar o tempo perdido (NALINI, 2001, p. 124).

Mas o que deve ser entendido é que a intenção do desenvolvimento sustentável não é barrar a evolução nem o crescimento econômico dos países, mas sim fazer com que isso se dê de maneira responsável e consciente, para que os recursos naturais sejam preservados para durar, com vistas a atender às necessidades e a garantir a sobrevivência, não só das presentes como também das futuras gerações. Como se sabe, os recursos naturais não são infindáveis; portanto, torna-se cada vez mais necessária e urgente a intervenção governamental para regulá-los.

Sustentabilidade é muito mais do que atributo de um tipo de desenvolvimento. É um projeto de sociedade alicerçado na consciência crítica do que existe e um propósito estratégico como processo de construção do futuro. Vem daí a natureza revolucionária da sustentabilidade. Revolução que é considerada na acepção de divisor de águas que opera transformações profundas numa ordem em crise e assume uma força fundadora e instauradora de uma nova ordem (NALINI, 2001, p. 125).

Consequência disso é que as autoridades estatais devem, cada vez mais, inserir em seus planos governamentais o ideal da sustentabilidade, bem como as práticas do desenvolvimento sustentável, para que haja um planejamento mais racional dos investimentos a serem feitos nos países, assegurando que as decisões a serem tomadas para tal visem salvaguardar os interesses da coletividade e do meio ambiente. A sustentabilidade vai depender também da capacidade de o ser humano se submeter aos preceitos da prudência ecológica e fazer bom uso da natureza.

3. Sustentabilidade como ideia ética

Até hoje a humanidade serviu-se da natureza como bem entendeu, estando esta a seu serviço e à sua disposição, como um supermercado no qual o homem vai esvaziar as prateleiras sem repor a mercadoria. Há muito se sabe que os bens naturais são finitos e que a sua escassez provocará resultados não muito agradáveis, que refletirá sobre o meio ambiente e em tudo que o envolve. O padrão norte-americano de consumo, que serve de modelo para o resto do planeta e que se caracteriza pela vontade de querer ter sempre mais, não condiz com a realidade atual. Por isso, esse quadro social global tem que mudar.

A cada dia o ser humano vem relacionando, cada vez mais, o acúmulo de bens materiais com felicidade. Mas essa é uma felicidade comprada, ilusória e que nunca se satisfaz. A distorção a respeito do que o homem considera "valioso" e a confusão sobre o que pode fazê-lo feliz são parcialmente provocadas pela obsessão pelos bens materiais, que é fruto da ideologia moderna da dominação da natureza e da identificação da felicidade com o conforto material (GORE, 2010, p. 302).

O crescimento do consumo de bens e serviços se tornou comparável à busca pela felicidade. Ainda que o nível de felicidade na sociedade norte-americana moderna – por qualquer parâmetro – não tenha aumentado com o nível de consumo. Os resultados são similares em outros países com grande consumo. Numerosos estudos encontraram níveis significativamente mais altos de bem--estar e felicidade em algumas sociedades com padrões de vida bem menores, medidos por renda e consumo *per capita* (GORE, 2010, p. 311).

Nesse momento é que entra a sustentabilidade, que importa à transformação social através da integração e da unificação. Ela propõe a consagração entre homem e natureza, na origem e no destino comum, significando, portanto, um novo paradigma. Para isso é necessário que a sustentabilidade seja concebida como uma ideia ética, que deve ser inserida na sociedade, a fim de que seja colocado em prática o respeito do ser humano para com o meio ambiente que o cerca, incluindo, além dos recursos naturais, todos os seres vivos que constituem a fauna, a flora e todos os *habitats* do planeta. Os ideais e os valores da sociedade precisam ser reciclados, havendo uma conscientização da finitude desses bens naturais.

De acordo com o filósofo norte-americano Tom Regan, existem duas condições para se propor uma ética ambiental: deve assegurar que existem seres não humanos que fazem parte do estatuto moral; e que a classe dos seres que têm estatuto moral inclui todos os seres conscientes e os não conscientes que devem fazer parte da comunidade moral (REGAN, 1981, p. 17).

Segundo ele, uma teoria ética que não reconheça valor inerente à vida de seres conscientes não humanos (animais) e de seres não conscientes (plantas e ecossistemas) não pode ser considerada verdadeiramente ambiental. Para que exista uma ética ambiental deve haver o reconhecimento do valor inerente aos ambientes naturais (REGAN, 1981, p. 31).

Ou seja, a ética ambiental é fator fundamental para a garantia de um meio ambiente ecologicamente equilibrado, onde deve haver harmonia e interação entre todas as espécies de modo geral, que dependem dele para sobreviver.

A filosofia de finitude e de autorrestrição conflita com a cultura consumista. O desafio é estabelecer a convivência entre elas, motivando as pessoas a uma postura sóbria, módica, frugal e singela (NALINI, 2001, p. 128). O consumismo consciente e responsável deve ser colocado em prática, atentando-se para a promoção do bem-estar e da sadia qualidade de vida das presentes e das futuras gerações.

Essa deve ser a escolha ética praticada pelo Estado e pela sociedade. Insistir em um modelo cuja insustentabilidade – medida pela perda de ativos da natureza – compromete a capacidade de as futuras gerações satisfazerem suas próprias necessidades constitui também uma escolha ética (CAVALCANTI, 1999, p. 23). É tudo uma questão de optar por fazer o bem a si próprio e atender aos interesses particulares ou ter uma preocupação solidária e global. Esse é o papel do desenvolvimento sustentável: promover o bem-estar das pessoas sem transigir com a degradação do capital natural. De acordo com o Princípio 7 da Carta da Terra (2011), os Estados devem cooperar em espírito de parceria global, para conservar, proteger e restabelecer a saúde e integridade do ecossistema da Terra. Em vista das diferentes contribuições para a degradação ambiental global, os Estados têm responsabilidades comuns, mas diferenciadas. Os países desenvolvidos reconhecem a responsabilidade que têm na busca internacional do desenvolvimento sustentável em vista das pressões que suas sociedades exercem sobre o meio ambiente global e das tecnologias e recursos financeiros que dominam.

4. Educação ambiental

A educação ambiental é um importante fator para a formação da ideia ética de sustentabilidade no ser humano. Ela constitui meio para que seja possível o alcance do desenvolvimento sustentável e, consequentemente, a proteção do patrimônio ambiental, sendo possível, com isso, disseminar o conhecimento sobre o meio ambiente, conscientizando a população sobre a real e concreta importância da preservação e da utilização sustentável do mesmo, através da prática da produção e do consumo consciente e responsável.

O homem deve superar a sua visão antropocêntrica, conscientizando-se de que não é o centro de tudo, mas sim parte integrante. Ele deve entender que os recursos naturais não constituem propriedade da geração atual e que o dever desta é protegê-los para que estejam disponíveis para garantir a sobrevivência das gerações vindouras. De acordo com o Artigo 1º da Lei 9.795 de 1999:

> Entendem-se por educação ambiental os processos por meio dos quais o indivíduo e a coletividade constroem valores sociais, conhecimentos, habilidades, atitudes e competências voltadas para a conservação do meio ambiente, bem de uso comum do povo, essencial à sadia qualidade de vida e sua sustentabilidade.

A preservação depende diretamente da educação, que vai muito além da escolarização normal. A sociedade como um todo, tanto nacional como internacionalmente, está tomada por um ser denominado analfabeto moral, narcisista, egoísta e egocêntrico e que despreza os valores fundamentais. Esse indivíduo deve ser urgentemente banido e substituído. A esperança para isso está nas novas gerações, que constituem peças fundamentais para o surgimento de uma criatura mais respeitosa à vida, à natureza e à dignidade para com seu semelhante.

5. O mercado ecossocial

A prática do desenvolvimento sustentável não implica se posicionar contra o progresso, nem há necessidade de se renunciar a ele em prol da preservação do patrimônio ambiental. Muito pelo contrário. A inserção das ideias sustentáveis na economia e nos diversos setores da sociedade tem como intenção fazer com que o progresso seja contínuo e gradual.

O progresso econômico é limitado ecologicamente, portanto, a sua busca não pode ser feita a qualquer custo. Verdade é que o progresso econômico modificou o mundo, mas tal modificação, como já dito, não trouxe somente pontos positivos; por isso, o momento é o de se adotar uma economia de mercado ecossocial (NALINI, 2001, p. 123). Através dela será possível implementar adequadamente o desenvolvimento sustentável no sistema econômico dos países, sem lhes frear o crescimento.

> Para além de uma economia planificada e uma economia capitalista de mercado (na qual os interesses de capital têm prioridade em detrimento das necessidades do trabalho e da natureza), deve-se buscar uma economia de mercado regulada, social e ecológica.

Numa tal economia deve haver constantemente a busca, por um lado, por equilíbrio entre os interesses do capital (eficiência, lucro) e pelos interesses sociais e ecológicos por outro lado (NALINI, 2001, p. 127).

A proposta é que o mercado ecossocial seja implantado não só nos setores econômicos de transformação da matéria-prima e de fabricação de produtos industrializados, como também na agricultura, na pecuária, na pesca, no extrativismo vegetal e, inclusive, nos setores econômicos relacionados aos serviços e à tecnologia.

A meta dos setores econômicos deve ser voltada para a expansão dos seus negócios para a área ecossocial, focando-se na fabricação e no oferecimento de produtos e serviços sustentáveis, além de criar meios para atrair a população para o consumo desse tipo de produto, o que pode ser feito através do mercado promocional ecossocial.

Como se sabe, a mídia tem papel fundamental na formação desse perfil consumista do ser humano. Os informes publicitários, seja em qualquer forma de veiculação, têm um grande poder de influenciar e de transformar a mente humana. Portanto, constituem uma ferramenta valiosa para criar e incutir no homem a ideia da sustentabilidade e do consumo consciente e responsável. É importante que as empresas e os consumidores estejam caminhando juntas em prol de uma mesma causa: salvar o planeta.

O mercado ecossocial, que hoje pode ser considerado um diferencial, mais tarde será uma obrigação. O modelo de consumo desenfreado e irresponsável está com os dias contados, e quem não se adequar será deixado para trás.

A educação ambiental aliada ao mercado ecossocial também constitui ponto de partida fundamental para a prática do desenvolvimento sustentável. É preciso que a população mundial aprenda a praticar o consumo consciente, sem exageros e desperdícios. Dessa forma, o mercado produzirá somente o necessário. Se não tiver quem consumir, não há que se justificar a produção excessiva. É tudo uma questão de equilíbrio que envolve a sociedade como um todo. Ninguém está excluído de zelar pela preservação da vida. Muito pelo contrário, todos são legitimados, constitucional e eticamente, a promover a salvação da Terra.

O cuidado essencial é a ética de um planeta sustentável. Bem enfatizava o citado documento Cuidando do Planeta Terra: a ética de cuidados se aplica tanto em nível internacional como em níveis nacionais e individual; nenhuma nação é autossuficiente; todos lucrarão com a sustentabilidade mundial e todos estarão ameaçados se não conseguirmos atingi-la. Só essa ética do cuidado essencial poderá salvar-nos do pior. Só ela rasgará um horizonte de futuro e esperança (BOFF, 1999, p. 135).

6. O consumo sustentável

Como já se viu, é fato que a forma como se dá a produção e o avanço econômico, tecnológico e industrial dos países deve ser alterada a fim de salvar o que ainda resta do planeta. Mas as mudanças não devem ocorrer somente nesse patamar. Falando dessa forma, fica parecendo que o único vilão da história são as empresas e o governo. O que não se deve esquecer é que o homem tem grande parcela de culpa pelo que vem ocorrendo. O ser humano não é vítima somente do sistema, mas também da sua própria ganância, que é o combustível que mantém a máquina capitalista funcionando. Para que toda a mudança ocorra, deve haver parceria entre quem produz e quem consome.

Já é passada a hora de o homem, no seu papel de consumidor, começar a ter atitudes e comportamentos voltados para o consumo consciente e responsável. "Atitude" significa o grau de adesão do consumidor a valores, conceitos e opiniões sobre os papéis de empresas e consumidores em relação à sustentabilidade, responsabilidade social-empresarial e consumo consciente. Já "comportamento" está ligado à prática cotidiana de ações ligadas ao consumo e que geram impacto efetivo para o meio ambiente, a economia, o bem-estar pessoal e a sociedade como um todo (INSTITUTO AKATU, 2011). Para que tenha um resultado promissor, esses dois aspectos devem ser desenvolvidos juntos. Apenas atitudes, sem a prática de consumo consciente, não produzem efeito. E apenas comportamentos, provocados por uma imposição externa, seja legal, social ou econômica, terão efeito limitado, durante apenas até que permaneça tal imposição.

É preciso que a sociedade comece a adotar um estilo sustentável de vida, no que diz respeito não somente ao consumo como também ao uso consciente e responsável dos recursos naturais, que estão à disposição do ser humano para satisfazer suas necessidades e garantir sua sobrevivência. É o denominado "consumo sustentável", que está intimamente relacionado à produção e distribuição, utilização e rejeição de produtos e serviços, bem como oferece uma forma de repensar o seu ciclo de vida e tem como objetivo assegurar que as necessidades básicas de toda a comunidade global sejam satisfeitas, reduzindo o excesso de consumo e evitando danos ambientais (CULTURA BIOCÊNTRICA, 2011).

Existem alguns princípios fundamentais para o consumidor praticar o consumo consciente e responsável e, com isso, ter um estilo sustentável de vida (INSTITUTO AKATU, 2011): planejar as compras; avaliar os impactos do consumo; consumir apenas o necessário; reutilizar produtos e embalagens; separar o lixo; usar crédito conscientemente; conhecer e valorizar as práticas de responsabilidade social das empresas; não comprar produtos piratas ou contrabandeados; contribuir para a melhoria dos produtos e serviços; divulgar o consumo consciente; cobrar dos políticos; refletir sobre os próprios valores.

O ser humano deve se conscientizar de que o seu papel de consumidor consciente e responsável o transformará em um cidadão global, capaz de influenciar governos, instituições reguladoras, ONGs (organizações não governamentais) e empresas a atuarem com mais concretude, rapidez e eficácia em prol do meio ambiente.

7. O aparato jurídico para o desenvolvimento sustentável

Atualmente, a sustentabilidade vem sendo considerada o principal objetivo do direito ambiental, pois ela constitui meio fundamental para garantir a proteção do meio ambiente e a manutenção saudável da vida do planeta.

Tanto nacional como internacionalmente, vêm sendo criadas diversas leis, tratados, convenções e organizadas diversas conferências para tutelar o patrimônio ambiental e fazer com que o desenvolvimento sustentável seja a regra.

Na via constitucional, por exemplo, a Constituição Brasileira de 1988, em seu artigo 225, dispõe que:

> Todos têm direito ao meio ambiente ecologicamente equilibrado, bem de uso comum do povo e essencial à sadia qualidade de vida, impondo-se ao Poder Público e à coletividade o dever de defendê-lo e preservá-lo para as presentes e futuras gerações.

Bem enfatiza o citado artigo que, muito mais do que ter direito, o ser humano tem o dever legal e constitucional de proteger o meio ambiente e garantir a sua preservação, não só em benefício próprio como também de toda a sociedade.

Já em seu artigo 170, inciso IV, a Carta Magna prevê que a defesa do meio ambiente consiste em um dos princípios gerais da atividade econômica:

A ordem econômica, fundada na valorização do trabalho humano e na livre iniciativa, tem por fim assegurar a todos existência digna, conforme os ditames da justiça social, observados os seguintes princípios:

VI – defesa do meio ambiente, inclusive mediante tratamento diferenciado conforme o impacto ambiental dos produtos e serviços e de seus processos de elaboração e prestação.

Com isso, percebe-se que tanto a propriedade privada como a livre iniciativa são constitucionalmente limitadas em prol da defesa do meio ambiente. No entanto, diante da realidade atual, vê-se que ainda existe uma grande incompatibilidade com a ordem constitucional vigente.

A Lei 6.938/1981, que dispõe sobre a Política Nacional do Meio Ambiente, em seu artigo 4º, inciso I, propõe "a compatibilização do desenvolvimento econômico-social com a preservação da qualidade do meio ambiente e do equilíbrio ecológico". Exemplo disso é o já citado mercado ecossocial, que será capaz de implementar o desenvolvimento sustentável na economia.

A partir do final dos anos 1960, ocorreu um acelerado desenvolvimento da preocupação ambiental, com a adoção de vários tratados, e que culminou com a realização da Conferência das Nações Unidas sobre Meio Ambiente Humano (Conferência de Estocolmo) em 1972, marco do direito ambiental internacional e das relações internacionais. Esse foi o impulso inicial para o surgimento de movimentos internacionais para positivar acordos entre Estados, com o intuito de se promover a conservação do meio ambiente e para que as nações começassem a voltar os olhos para a situação alarmante na qual o mundo começaria a entrar.

O já citado relatório de Brundtland, que desenvolveu o conceito de desenvolvimento sustentável, deu origem à Conferência das Nações Unidas em Meio Ambiente e Desenvolvimento, do Rio de Janeiro, em 1992, a conhecida Eco-92. Tal Conferência deu ensejo à criação da Agenda 21, documento que objetiva preparar o mundo para os desafios do século XXI. Em seu texto é apresentado um plano de ação a ser executado global, nacional e localmente por organizações das Nações Unidas, governos e grandes corporações, em cada área em que haja impactos humanos no meio ambiente.

Esses são apenas alguns exemplos de que teoricamente já existe um grande aparato para proteger o meio ambiente. Agora resta colocá-los em prática para que a proteção seja efetivada de forma a promover mudanças e gerar resultados concretos.

Conclusão

Após esta breve explanação, conclui-se que é preciso correr contra o tempo para tentar barrar ou pelo menos minimizar os efeitos danosos e muitas vezes irreversíveis dos desastres e desequilíbrios ambientais, causados, na maioria das vezes, pela própria ação humana, que, na ambiciosa busca pelo acelerado crescimento econômico e com a prática do consumismo exacerbado, vem, ao longo da história da humanidade, usando de maneira ilimitada, desenfreada e desmedida os recursos naturais do planeta, que em muitos casos não são renováveis e correm o risco de se esgotar.

A proposta que se faz é o exercício do "desenvolvimento sustentável", que vem sendo considerado a principal solução para os problemas ambientais e envolve mecanismos capazes de colocar em prática os diversos meios passíveis de reverter o quadro vivido atualmente.

O que já foi destruído até agora não é possível reverter; porém, através da prática da educação ambiental, do mercado ecossocial, do consumo consciente e responsável, do estilo de vida sustentável, da aplicação efetiva da legislação ambiental, entre outras ações, é possível impedir que isso continue acontecendo e salvar o que ainda resta dos recursos naturais do planeta.

São diversas atitudes e comportamentos que devem ser praticados por todos os setores da sociedade, nacional e internacionalmente. Isso inclui o Estado, as instituições governamentais e não governamentais, os setores públicos e privados, as empresas, os cidadãos, enfim, uma participação global.

São medidas que se tornam cada vez mais necessárias e que precisam continuar sendo criadas e efetivadas, como forma de conscientizar e responsabilizar, principalmente o ser humano – considerado o principal beneficiário do meio ambiente como direito humano fundamental, mas também o principal causador da sua destruição –, de que os recursos naturais, além de serem finitos, constituem patrimônio do ecossistema do planeta. Seu uso deve se dar de maneira prudente e solidária, para garantir a sobrevivência das presentes e das futuras gerações, atendo-se à ideia de que não só a espécie humana é merecedora desse usufruto como também todas as espécies, de modo geral, que compõem a extensa e variável biodiversidade do planeta, e que do mesmo modo dependem de tais recursos para sobreviver.

Mais do que nunca, é preciso enfrentar as enormes desigualdades sociais existentes entre e dentro das nações e fazer com que o desenvolvimento dessas não comprometa o futuro da humanidade.

Referências

ALMINO, João. *Naturezas mortas*: a filosofia política do ecologismo. Brasília: Fundação Alexandre de Gusmão, 1993.

ATLASNET. *Princípio 7º da Declaração do Rio sobre Meio Ambiente e Desenvolvimento*, 1992. Disponível em: http://www.atlasnet.com. br/guidosoares>. Acesso em: 20 set. 2021.

BELTRÃO, Antônio F. G. *Direito Ambiental*. 3. ed. São Paulo: Método, 2011.

BENJAMIN, Antonio Herman. *Objetivos do Direito Ambiental*. São Paulo: IMESP, 2001.

BOFF, Leonardo. *Saber cuidar – Ética do humano – Compaixão pela terra*. 5. ed. Petrópolis: Vozes, 1999.

BRASIL. *Constituição da República Federativa do Brasil*. Disponível em: <http://www.planalto.gov.br/ccivil_03/constituicao/constitui%-C3%A7ao.htm>. Acesso em: 20 set. 2021.

BRASIL. *Lei 6.938, de 1981*. Disponível em: <http://www.planalto.gov.br/ccivil_03/leis/L6938.htm>. Acesso em: 23 set. 2021.

BRASIL. *Lei 9.795, de 1999*. Disponível em: <http://www.planalto.gov.br/ccivil_03/Leis/L9795.htm>. Acesso em: 20 set. 2021.

CAVALCANTI, Clóvis. *Meio ambiente, desenvolvimento sustentável e políticas públicas*. 2. ed. São Paulo: Cortez, 1999.

CULTURA BIOCÊNTRICA. *Caminho de estilos de vida sustentáveis*. 2011. Disponível em: <http://biodanca.blogspot.com/2008/11/caminho-de-estilos-de-vida-sustentveis.html> Acesso em: 21 set. 2021.

DEVALL, Bill; SESSIONS, George. *Deep Ecology*: Living as if Nature Mattered. Kaysville, UT: Gibbs Smith, 1985.

GORE, Al. *Nossa escolha*: um plano para solucionar a crise climática. São Paulo: Amarilys, 2010.

INSTITUTO AKATU, 2011. Disponível em: <https://akatu.org.br/o-akatu/>. Acesso em: 19 set. 2021.

KRIZEK, Kevin J.; POWER, Joe. A Planners Guide to Sustainable Development: Planning Advisory Service Report, *American Planning Association*, n. 467, 1996.

MILARÉ, Edis. *Ação Civil Pública e a tutela jurisdicional dos interesses difusos*. São Paulo: Saraiva, 1984.

NALINI, José Renato. *Ética ambiental*. Campinas, SP: Millennium, 2001.

ORGANIZAÇÃO DAS NAÇÕES UNIDAS (ONU). *Agenda 21*. Disponível em: <http://www.un.Org./esa/sustdev/documents/agenda21/index.htm> Acesso em: 23 set. 2021.

ORGANIZAÇÃO DAS NAÇÕES UNIDAS (ONU). *Declaração sobre o Ambiente Humano*, Estocolmo, 1972. Disponível em: <http://www.ufpa.br/npadc/gpeea/DocsEA/DeclaraAmbienteHumano.pdf> Acesso em: 20 set. 2021.

REGAN, Tom. The Nature and Possibility of an Environmental Ethic. *Environmental Ethics: An Interdisciplinary Journal dedicated to the philosophical aspects of environmental problem*, v. 3, n. 1, Spring, 1981.

SINGER, Peter. *Ética prática*. 3. ed. São Paulo: Martins Fontes, 2006.

CAPÍTULO 4
Teologia pública e cidadania planetária: apontamentos introdutórios

Carlos Alberto Motta Cunha

Introdução

O âmbito da teologia cristã marca o lugar de fala e de reflexão deste breve texto. A ideia que se tem de teologia aqui é aquela que, nos últimos anos, pelo menos no Brasil, vem resgatando sua tarefa pública de modo criativo e pertinente. A teologia pública tem consciência de que ela não é um saber autônomo, mas uma área do conhecimento dotada de uma sabedoria que se constrói a partir de diálogos: epistêmicos, culturais, religiosos e outros. Ser interpelada pelas demandas diversas que compõem o nosso tempo é um ganho para a teologia. Teologias contextuais e públicas são constitutivamente marcadas por provocações oriundas da sociedade, do ambiente acadêmico e das próprias comunidades de fé.

Nesta reflexão elegemos o tema da cidadania planetária como provocadora de respostas teologais. O que a teologia tem a dizer diante das inquietações suscitadas pela cidadania planetária? Como propor caminhos de solução? Sem querer oferecer receitas acabadas, refletimos, de modo introdutório, apontando caminhos possíveis. Estas duas perguntas norteiam o caminho de redação do texto. Primeiro, tratamos sobre a teologia pública e apresentamos a "teologia com consciência" como um fazer teológico propositivo. Segundo, abordamos o tema da cidadania planetária e mostramos o "bem viver" como um horizonte de sentido importante para alternativas ao desenvolvimento e ao progresso. No terceiro e último momento, correlacionamos os dois grandes eixos da nossa discussão, teologia pública e cidadania planetária, sugerindo caminhos criativos para a reconstrução do ser humano e da natureza.

1. A tarefa pública da teologia

Apesar da elasticidade de compreensão do termo "teologia pública", há entre os especialistas da área um consenso de que a terminação composta pelas palavras "teologia" e "pública" se esforça por resgatar algo constitutivo da própria teologia cristã: sua tarefa pública. Primeiro, porque "teologia" tem a ver com ciência e "não há *logos* que não seja público, tendo em vista a consensualidade sobre a qual edifica todo discurso objetivo em sua gênese e estrutura". Segundo, a palavra "pública" adjetivando o substantivo "teologia" "remete para contextos epistemológicos e políticos que exigem pensar a natureza desse conhecimento indissociavelmente dos poderes que a ele conferem legitimidade e legalidade" (PASSOS, 2011, p. 58).

Na raiz daquilo que hoje chamamos de "teologia pública", a tradição joanina já deixava transparecer a pretensão pública da missão de Jesus Cristo: "Declarou-lhe Jesus: Eu tenho falado francamente ao mundo; ensinei continuamente tanto nas sinagogas como no templo, onde todos os judeus se reúnem, e nada disse em oculto" (Jo 8,20). A teologia pública está identificada com uma comunidade religiosa, mas não se restringe a ela e, muito menos, busca interesses particulares. Ela milita pelos direitos de todos, independentemente da tradição religiosa, em busca de condições de vida melhor para os seres humanos e o mundo. Os ditos e os feitos de Jesus são atos públicos de caráter universal.

Os discípulos de Cristo também desenvolveram um ministério público. O apóstolo Paulo, por exemplo, em suas viagens missionárias, estende ao mundo todo a dádiva da Boa-Nova do Reino de Deus anunciada por Jesus. Nos primeiros versículos dos Atos dos Apóstolos, o itinerário público das atitudes dos seguidores de Jesus é notório: "[...] e sereis minhas testemunhas tanto em Jerusalém como em toda a Judeia e Samaria e até aos confins da terra" (At 1,8). A inteligência da fé proclamada pelos cristãos carrega as marcas da inculturação e da contextualização. Caso contrário, o "cristianismo da libertação" (LÖWY, 2016) não seria absorvido por tantas culturas.

A história da teologia cristã testemunha a tensão entre o modo privado e público de se fazer teologia. Por exemplo, no decorrer da modernidade, a teologia se tornou cada vez mais restrita aos muros eclesiais e destinada ao consumo interno dos sujeitos religiosos. Seu caráter acadêmico e público perdeu visibilidade, enquanto as ciências positivistas ganharam força e se institucionalizam no âmbito das universidades, nas suas mais variadas especializações e aplicações técnicas. Mesmo admitindo certa legitimidade ao religioso, enquanto opção individual inscrita no âmbito dos valores que não devem interferir no exercício da razão, a comunidade científica dispensou a teologia de suas buscas e atividades interdisciplinares. Assim, a teologia se refugiou no exílio sem ter o que dizer ao sujeito dotado de uma razão técnico-científica. Ela se encontrava em uma situação paradoxal, em termos de sua legitimidade epistemológica.

A teologia sai do exílio quando a crítica bate às portas da pretensão objetivista e empirista da concepção positivista da ciência. A suspeita hermenêutica e ideológica questiona a experiência científica moderna mostrando a incapacidade da apropriação de um dado puro. Todo dado é interpretado e mediado pela linguagem. Além disso, a suspeita ideológica revelou que todo conhecimento reflete interesse. Assim, a concepção positivista de ciência começa a ruir. Por revelar visão interessada, absoluta e apodíctica, torna-se equivocada (LIBANIO; MURAD, 2001, p. 84).

No contexto da crise que marca uma mudança de época e de paradigma (KUHN, 2011), da modernidade para a pós-modernidade (LYOTARD, 2001), a teologia retorna para o espaço público com a tarefa de dizer a própria palavra no diálogo com outros saberes provenientes do intenso intercâmbio cultural dos novos tempos. Assim, o termo "teologia pública" aparece a partir de 1974 nos Estados Unidos, expressando a ideia de que a teologia, embora esteja relacionada a comunidades de fé, não é assunto exclusivamente privado nem questão de identidade comunal. Teologia pública envolve o esforço de interpretar o lugar público à luz de Deus. É um movimento que vai para além das fronteiras das comunidades de fé e atinge todos os povos. Do privado, Igrejas, para o público, sociedade em geral, a teologia pública é expressão de comunidades políticas que almejam ser testemunhas especificamente cristãs entre todos os povos. Esse testemunho não se reduz somente ao discurso cristão, mas, fundamentalmente, ao engajamento cristão em ações concretas no espaço público (CUNHA, 2016, p. 260).

Não há teologia pública uniforme e monolítica fora e dentro do Brasil. Não há um único significado sobre ela que seja autoritativo nem uma forma normativa única de fazê-la. É imprescindível para a definição da "teologia pública" perceber quem, por que e a partir de qual lugar socioepistêmico o termo é elaborado. Como a linguagem nunca é vazia ou conceito puro, mas uma construção interpretativa, "teologias públicas" assumem, na atualidade, contornos e tarefas próprios. Seja na Europa, nos Estados Unidos, na África do Sul ou no Brasil, teologias públicas vêm sendo gestadas em uma comunidade que é local e global ao mesmo tempo, "glocal".

Há também diferentes empregos da noção de "público" atrelada à teologia. Para Dirk Smit, o "público" da teologia pública pode ser: (a) a esfera pública; (b) a vida em geral; e (c) o discurso (SMIT, 2007, p. 431-454). Daí a importância de a teologia pública recorrer a critérios de argumentação acessíveis a todas as pessoas. Já Jürgen Habermas consegue abarcar a pertinência da esfera pública como "uma estrutura comunicacional do agir orientado pelo entendimento, a qual tem a ver com o espaço social gerado no agir comunicativo, não com as funções nem com os conteúdos da comunicação cotidiana" (HABERMAS, 1997, p. 92).

Não dá para fazer teologia pública sem discernir seus públicos. Para Jürgen Moltmann, por exemplo, a teologia cristã é teologia pública por causa do Reino. Deve fazê-lo sempre de forma correlativa. Ela deve ser, ao mesmo tempo, conforme a Escritura e contextual. Ela se torna uma teologia pública, que compartilha os sofrimentos desta época e que formula suas esperanças em Deus no lugar em que vivem os seus contemporâneos. A novidade e diversidade do Reino de Deus, que não cabem nas igrejas, exigem que a teologia seja pública (MOLTMANN, 2004, p. 17-34). Para David Tracy, toda teologia é um discurso público. Torna-se imperativo estudar primeiro os "públicos" do teólogo para depois propor um fazer teológico. Tracy argumenta que o desafio da teologia sistemática, para demonstrar a *publicness* (discurso público) da teologia cristã, consiste em gerar, com base na imaginação analógica, uma nova interpretação do evento Cristo, presente nos clássicos religiosos cristãos, ou seja, os grandes textos da tradição cristã baseados na Bíblia (TRACY, 2004, p. 513-573).

Tanto Moltmann quanto Tracy ajudam a entender as perspectivas que fazem da teologia pública um novo paradigma teológico. Teologia pública é ser fiel às convicções de fé e se deixar ser interpelado pelas demandas do tempo presente (Moltmann), mas também é ser relevante no mundo de hoje, propondo ações concretas para outro mundo possível (Tracy).

1.1 Teologia com consciência

Edgar Morin relaciona a palavra "consciência" ao pensamento complexo. Para ele, o pensamento complexo é consciente quando busca compreender o que está tecido em conjunto. A consciência permite ao ser humano vivenciar, experimentar e compreender aspectos da totalidade do seu mundo interior e exterior; é a faculdade por meio da qual o ser humano se percebe naquilo que se passa dentro dele ou em seu exterior. Portanto, não há como olhar para a realidade com profundidade a partir de um pensamento fragmentador (MORIN, 2008, p. 215).

A correlação consciente permite a interação entre as partes sem que haja a pretensão de um pensamento monolítico. Portanto, fazer teologia a partir desse lugar é optar por uma "teologia com consciência", isto é, a teologia cristã disposta ao diálogo com outras áreas da realidade, na busca pela integração entre os conjuntos dos seus próprios sistemas, permitindo uma visão ampla, não totalizante, mas mais apurada da vida, e uma participação efetiva no espaço público (CUNHA, 2016, p. 273-300).

Segundo Diarmuid O'Murchu, a teologia está experimentando uma nova reconfiguração que demanda maior participação do teólogo no serviço ao mundo:

As questões provenientes do mundo, de suas angústias e esperanças, e da difícil tarefa de humanizar a humanidade e trazê-la de novo para seu lar, para a placenta natural planetária da qual equivocadamente se separou nos tempos da revolução agrário-urbana, são cada dia mais importantes para a nova sabedoria teológica que está emergindo em toda parte e que está entusiasmando as novas gerações de teólogos e teólogas (O'MURCHU, 2000, p. 218).

A teologia com consciência reconhece a riqueza da dinâmica gerada pela ação de diversos níveis da realidade ao mesmo tempo e busca encontros com a contemporaneidade para uma melhor compreensão de si mesmo no e para o mundo atual. Ela é portadora de uma inteligência aberta, disposta a refazer os próprios conteúdos quando interpelada pelas demandas da sociedade, universidade e Igreja. "A tarefa de reescrever a teologia, e/ou de recriar seu conteúdo [...] exige também [...] um novo tipo de teólogo, com um novo tipo de consciência, uma consciência multidimensional" (VIGIL, 2011, p. 28). Não se trata de uma teologia divorciada da vida concreta das pessoas, mas preocupada com a relevância da Boa-Nova de Jesus Cristo na vida dos seres humanos de hoje. Não há lugar nesse tipo de teologia para formulações dogmáticas indispostas a redizer para a atual geração o valor da substância visada nos símbolos da fé e a formulação cultural do dogma e da tradição.

"O problema da consciência (responsabilidade) supõe a reforma das estruturas do próprio conhecimento", afirma Morin (2008, p. 122). Parafraseando-o: teologia com consciência da sua responsabilidade social supõe reforma da maneira como se vê e do modo de agir. O que esperar do teólogo na complexidade da sociedade atual? Que ele tenha consciência da realidade atual em um empreendimento que envolva a "capacidade de participar de discussões críticas sobre os fundamentos da fé e sobre temas e questões que entrelaçam a fé e as experiências da vida" (ANJOS, 2011, p. 130). A teologia é consciente quando reconhece sua tarefa e seus públicos. Ao reconhecê-los, empenha-se em se fazer relevante para além da confessionalidade, porque entende que a teologia tem o que dizer também no espaço público.

2. Cidadania planetária

Para o físico Fritjof Capra, o universo, ou melhor o "pluriverso", é visto como uma teia dinâmica de eventos inter-relacionados com uma rede de relações entre as várias partes de um todo unificado. Ele aparece como um "complicado tecido de eventos, no qual conexões de diferentes tipos se alternam, se sobrepõem ou se combinam e, por meio disso, determinam a textura do todo" (CAPRA, 2006, p. 42). No pensamento complexo, ou sistêmico, o todo não é a soma das partes. É diferente. As propriedades de um sistema vivo são propriedades do todo, que nenhuma das partes possui. Elas surgem quando há interações e relações entre as partes. Dissecar tal sistema é provocar o isolamento de todo o sistema, gerando sua destruição e, consequentemente, sua morte.

A compreensão de que os organismos são totalidades integradas em constante conexão provocou profundas mudanças nas áreas do conhecimento. São novas cosmologias, biologia evolutiva, física quântica, novas tecnologias (nanotecnologia, biotecnologia, tecnologia da informação e ciência cognitivas), todas elas fundamentadas em um paradigma consciente da complexidade da vida. A composição entre os campos do saber e a integração entre os conjuntos de seus próprios sistemas permitem uma visão, não totalizante, mas mais apurada da realidade. Não podemos decompor o mundo em unidades elementares a fim de compreender um todo unificado que é fruto de relações complexas entre as partes.

O conceito de "cidadania planetária" emerge desse contexto. Independentemente da cultura em que vivemos, estamos todos em um complexo e interligado sistema de vida. Habitamos um mesmo planeta que urgentemente precisa ser cuidado, reconhecido e valorizado não como algo a ser explorado e coisificado, mas como um ser vivo, para ser amado. Para tanto, "é imperativo que nós, os povos da Terra, declaremos nossa responsabilidade uns para com os outros, com a grande comunidade da vida e com as futuras gerações" (Preâmbulo da Carta da Terra).

Há muitos modos de aplicabilidade do termo "cidadania planetária": "nossa humanidade comum", "unidade na diversidade", "nosso futuro comum", "nossa pátria comum". "Cidadania planetária é uma expressão adotada para designar um conjunto de princípios, valores, atitudes e comportamentos que demonstram uma nova percepção da Terra como uma única comunidade" (PADILHA et al., 2011, p. 25). A expressão evoca paradigma, filosofia de vida e, sobretudo, um referencial ético indissociável da civilização planetária e da ecologia. Há uma consciência planetária em desenvolvimento sensível para com o planeta como um todo (RIBEIRO et al., 2009).

A cidadania planetária ultrapassa a dimensão ambiental porque Gaia, Terra viva, segundo a cultura grega, "abrange a biosfera, a atmosfera, os oceanos e o solo, na sua totalidade, esses elementos constituem um sistema [...] de realimentação que procura um meio físico e químico ótimo para a vida neste planeta" (LOVELOCK, 1991, p. 27). Tudo pulsa vida. Ideia parecida está presente na categoria *Pachamama* dos povos indígenas de Abya Yala. Não como sinônimo de "Mãe Terra" – conceito reducionista e machista, uma vez que faz referência somente à fertilidade –, mas "como um todo que vai além da Natureza visível, que vai além dos planetas, que contém a vida, as relações estabelecidas entre os seres e a vida, suas energias, suas necessidades e seus desejos" (LANG et al., 2016, p. 116). O ser humano não só habita a Terra. Ele (*homo*) é terra (*húmus*). Estamos organicamente interligados. "Não viemos ao mundo; viemos do mundo. Terra somos nós e tudo o que nela vive, compartilhando o mesmo espaço. Temos um destino comum" (PADILHA et al., 2011, p. 27).

Consciência planetária desemboca em ações concretas para uma "ecologia integral", quer dizer: ambiental, econômica e social. Sua tarefa consiste em promover

> uma mundialização mais cooperativa e solidária, que defenda, radicalmente, todas as formas de vida existentes no planeta, os interesses dos povos, que respeite suas tradições, no sentido de promover a integração da diversidade cultural da humanidade, e que incentive a economia solidária como maneira de colaborar para diminuir os efeitos perversos das diferenças socioeconômicas (MORAES, 2016, p. 1-2).

A promoção do pertencimento comunitário somado a ideais de justiça, de igualdade e de dignidade é, ao mesmo tempo, uma crítica às políticas de globalização e de desenvolvimento. Parece-nos que o caminho da cidadania planetária se constrói a partir de outras categorias. No lugar da "globalização", fala-se de "planetariedade" como "outra racionalidade que, reafirmando históricas utopias e propondo novas interpretações e formas de lutas, opera para a melhoria da vida humana e da sustentabilidade da Terra" (PADILHA et al., 2011, p. 21). E sobre "desenvolvimento" – o termo já contradiz os conceitos de sustentabilidade, de equidade, de inclusão, segundo os fatos gerados –, a solução não está em propor "desenvolvimentos alternativos", mas em construir alternativas ao desenvolvimento, rechaçando, como ponto de partida, o rótulo de "subdesenvolvidos", e reconhecendo, recuperando, os próprios saberes e as múltiplas cosmovisões existentes e que foram silenciadas pelo projeto da modernidade/colonialidade (QUIJANO, 2016).

2.1 O "bem viver" como alternativa ao desenvolvimento

As expressões mais conhecidas do "bem viver" remetem a idiomas originários do Equador e da Bolívia. No primeiro caso, o *sumak kawsay*, em Quéchua, e, no segundo, *suma qamaña*, em aimará. A conjugação dos termos – o *Buen Vivir* equatoriano e o *Vivir Bien* boliviano – permite as seguintes ideias: saber viver, saber conviver, viver em equilíbrio e harmonia, respeitar a vida, vida em plenitude, vida plena. A expressão "bem viver" é um "conceito holístico porque compreende a vida humana como parte de uma realidade vital maior de caráter cósmico, cujo princípio básico é a relacionalidade do todo" (ACOSTA, 2016, p. 78). O "bem viver" é um conceito aberto que deve ser assumido "como uma categoria em permanente construção e reprodução. Constitui uma categoria central da filosofia de vida das sociedades indígenas" (ACOSTA, 2016, p. 71).

Em termos ideológicos, o "bem viver" significa a reconstituição da identidade cultural de herança milenar, a recuperação de conhecimentos e saberes antigos; uma política de soberania e dignidade nacional; a abertura de novas formas de relação de vida (não individualista, mas comunitária), a recuperação do direito de relação com a Natureza e a substituição da acumulação ilimitada individual de capital pela recuperação integral do equilíbrio e a harmonia com a natureza (MAMANI, 2010, p. 13). Xavier Albó diz que o conceito de "bem viver" nasceu dos aimarás da Bolívia em reação ao conceito de "desenvolvimento". Questionado sobre a ideia de desenvolvimento, os aimarás diziam que não há palavra correspondente, e sim *"Bien Vivir, Vivir Bien"* (ALBÓ, s.d.).

Como filosofia, o "bem viver" significa assumir uma visão relacional (holística) que dificilmente se pode compreender pela lógica ocidental da separação do conhecimento em partes temáticas que compõem o todo. Assim, existem "conceitos" que são transversais, como o da espiritualidade, que permeia a análise desde a expressão da unidade do pensamento ancestral indígena. Por isso, as conceptualizações do "bem viver" devem realizar-se desde a compreensão dos princípios que sustentam a sua filosofia de vida, baseada em uma lógica complexa que aceita a incerteza, a contradição e a oposição (RODRÍGUES, 2016, p. 126).

Já como paradigma, a amplitude de significados do "bem viver" abrange muitas dimensões e significados. Pode-se dizer que ele expressa, ao mesmo tempo, memória e horizonte – por um lado, memória pré-colonial e tradicional do mundo andino – e, por outro lado, protesto e luta contra os excessos do capitalismo agroindustrial globalizado. Como referencial modelar, o "bem viver" supõe uma profunda transformação na relação sociedade-natureza, pelas mesmas razões e no mesmo grau que exige mudanças nas relações étnicas e culturais de poder (SUESS, 2020).

O "bem viver" inspira alternativas para a construção coletiva de uma nova forma de vida. Longe de ser uma receita pré-definida, a filosofia indígena proveniente da matriz comunitária de povos que vivem em harmonia com a natureza é marcada por valores, experiências e práticas capazes de interpelar a modernidade colonial, revelando os erros e as limitações da política de desenvolvimento implementada por países colonizadores. Os indígenas não são pré-modernos nem atrasados. Ao contrário, a visão de mundo dos marginalizados pela história mostra um tipo de sociedade fundamentada sobre uma convivência harmoniosa entre os seres humanos e a criação abalizada pelo reconhecimento e pelo respeito.

Somos provocados hoje a repensar nosso estilo de vida. Nosso mundo precisa ser recriado a partir do âmbito comunitário. "É necessário construir relações de produção, de intercâmbio e de cooperação que propiciem suficiência – mais que apenas eficiência – sustentada na solidariedade" (ACOSTA, 2016, p. 27). Como não surge de raízes comunitárias não capitalistas, a cosmovisão do "bem viver" rompe com a lógica antropocêntrica da modernidade e questiona as motivações de ações colonizadoras. Sua postura sociobiocêntrica põe sob suspeita o modo como o ser humano "civilizado" vem (des)construindo o mundo ao longo da história. As comunidades indígenas já intuíam o que o sujeito moderno entendeu recentemente: o planeta não gira em torno do ser humano.

3. Correlações criativas entre teologia pública e cidadania planetária

Hoje se fala em "teologia pós-religional", isto é, teologia para além das religiões. Uma inteligência da fé com uma consciência planetária nesta nova sociedade do conhecimento (VIGIL, 2011, p. 10). Estar vinculado a determinada religião já não é tido como essencial na perspectiva desta teologia. O serviço ao mundo, ao planeta e à humanidade é considerado como critério mais importantes do que a pertença religiosa para a qualidade da teologia. Emerge uma sabedoria teológica preocupada com a situação do mundo e para além das fronteiras das Igrejas (SMITH, 1981). Isso não significa que a teologia negue a própria tradição religiosa em que foi elaborada, mas sua tarefa não se limita às demandas do espaço da fé.

Vivemos em sociedades onde as religiões devem ser não apenas aceitas como também reconhecidas como instituições que exerçam funções positivas na sociedade. Nessas sociedades, as religiões e as suas teologias atuam também na esfera pública democrática. O Estado liberal não pode restringir a participação dos grupos religiosos no espaço público. A participação das tradições religiosas se mostra legítima desde que não influencie as deliberações institucionais do Estado. A palavra de fé contextualizada que emerge do contexto religioso pode encontrar na sociedade civil um ambiente favorável para a valorização da vida.

Uma das perspectivas de teologia pública desenvolvida no Brasil diz respeito à cidadania. Para Rudolf von Sinner, apesar da relação entre a cidadania e a teologia ser pouco trabalhada no país, o tema da cidadania e suas ramificações têm-se tornado uma chave hermenêutica importante para a teologia pública. Fundamentado nos aportes da tradição luterana, Sinner se apoia nas categorias de "justificação" e "diaconia", da teologia de Martinho Lutero, para justificar a relevância de uma teologia pública voltada para a cidadania. Ele sintetiza dizendo que

> falar da teologia pública é algo que serve para uma reflexão apurada sobre o papel da religião no mundo contemporâneo, na política, na sociedade, na academia, como reflexão construtiva, crítica e autocrítica das próprias igrejas, comunicando-se com outros saberes e com o mundo real. [...] É uma teologia da vida ligada ao Deus da vida, procurando contribuir na sociedade para que haja vida digna de ser vivida para todas e todos (SINNER, 2012, p. 20).

A teologia precisa deixar ser interpelada pelas categorias da cidadania planetária para um fazer teológico criativo e pertinente. Realçar a substância do simbolismo religioso em uma nova nomenclatura para o sujeito de hoje parece ser imperativo para uma teologia pública com consciência planetária. Novas nomeações dos símbolos da fé podem favorecer um leque de possibilidades para uma apropriação daquilo que é fundamental na religião: a dimensão da profundidade na totalidade do espírito humano. Segundo Paul Tillich,

a religião revela a profundidade da vida espiritual, encoberta, em geral, pela poeira de nossa vida cotidiana e pelo barulho de nosso trabalho secular. Dá-nos a experiência do sagrado, intangível, tremendamente inspirador, significado total e fonte de coragem suprema. Eis aí a glória do que chamamos de religião. Mas, além dessa glória, também aparece sua vergonha, quando ela se transforma em absoluto e despreza o mundo secular; quando faz de seus mitos e doutrinas, de suas leis e ritos, dimensões indiscutíveis e persegue os que não se submetem a isso (TILLICH, 2009, p. 45).

A presença da teologia na esfera pública persiste como relevante e necessária. Ela supõe um estatuto de saber que prepara o(a) teólogo(a) para ser uma voz capaz de levar, na sociedade plural, a contribuição construtiva das religiões para o bem da convivência humana e ambiental. Portanto, a ação do(a) teólogo(a) não pode somente se limitar a reproduzir o discurso da fé no interior das confessionalidades. Ele(a) necessita ocupar o espaço público assumindo a correlação entre as Igrejas e as culturas de forma inclusiva, crítica e, sobretudo, propositiva.

Correlacionar teologia pública e cidadania planetária é um bom exercício para teólogos(as) desejosos(as) de se posicionar no espaço público e de participar ativamente de assuntos relacionados à vida humana e ao meio ambiente. Tillich chama de "círculo teológico" (TILLICH, 2005, p. 26-29) esse espaço imaginário em que teólogos e teólogas, cientes da sua pertença, transitam em uma postura atenta à situação ambiental e ao modo como transmitir a mensagem cristã.

O diálogo entre a teologia pública e a cidadania planetária pergunta sobre o lugar da dimensão religiosa na busca por alternativas ao desenvolvimento e pelo progresso responsável; o que ela tem a dizer e a propor para a construção de outro mundo possível. A conclusão que se chega é a de que a dimensão religiosa se encontra em todas as dimensões da vida, conferindo-lhe profundidade. Para Tillich, a religião é algo constitutivo da natureza humana e a teologia ocupa um lugar de importância, uma vez que lida com as questões últimas das culturas simbolizadas na palavra "Deus" (deus, deuses, deusa, deusas, sagrado etc.). Já que o ser humano é religioso, não por causa de uma instituição, mas por buscar o "sentido último" naquilo que faz e cria, trazer a público a discussão teológica constitui um retorno importante no processo de humanização e valorização da vida de todas as criaturas (TILLICH, 2009).

O princípio da correlação afirma a necessidade de pensar qualquer realidade juntamente com outra realidade, na medida em que elas se encontram em relação de dependência recíproca. A tarefa do(a) teólogo(a) consiste em participar ativamente da realidade analisando, primeiramente, a situação humana e da criação, utilizando todas as fontes culturais disponíveis na busca de identificar as perguntas existenciais para, em um segundo momento, demonstrar que os símbolos cristãos constituem "respostas possíveis" a tais questões.

Do encontro entre o método da correlação e a teologia pública emerge uma "teologia criativa", capaz de se refazer de maneira nova e relevante diante da sociedade civil, das comunidades de fé e da universidade. Portanto, uma teologia dotada de tensão criativa, que a coloque no espaço público segura da sua especificidade epistemológica e, ao mesmo tempo, disposta ao diálogo fecundo e recíproco com o tempo presente.

A ideia sobre a criatividade, independente da área em que o termo esteja aplicado, remete à capacidade de inventividade, inteligência e talento do sujeito disposto a mostrar um novo ângulo da realidade. Embora estejam relacionadas, inteligência e criatividade são categorias distintas, como assinala a pesquisadora inglesa Margaret A. Boden. Criatividade é uma extensão da inteligência, e esta é a capacidade de armazenar e manejar adequadamente um vasto volume de dados. A criatividade tem o poder de síntese, ou seja, a faculdade de combinar esses dados para obter algo novo e útil (BODEN, 2004, p. 1-24). "Inteligências criativas avançam para além do que leem, em direções diferentes, pelas vias da associação, da inventabilidade, da imaginação criadora" (LIBANIO, 2002, p. 129).

A partir dessa compreensão da criatividade, o mundo contemporâneo se caracteriza pelo valor dado à criatividade, apesar de ser tão marcado pela uniformidade. É mais fácil e conveniente se submeter ao que já existe do que ousar pensar em algo novo e diferente. Alguém já disse que pensar dói. A dor do pensar de forma criativa reside no fato de que ele incomoda as instâncias pré-definidas por modelos conservadores e cristalizados. E, porque irrita estas classes mumificadas, a criatividade sofre resistência, violência, até perder seu caráter inovador e se enquadrar no formato da mesmice. Em grupos fechados e formatados, o anulamento e a imposição são características inerentes dessa relação doentia.

A contemporaneidade é ambígua. Ao mesmo tempo que ela propicia um ambiente favorável à criatividade, ela resiste aos avanços do próprio pensamento criativo que ajudou a formar. A tendência à uniformidade instalada na sociedade demonstra o quanto a capacidade de inovação esbarra nos limites de interesses de determinadas classes. É desafiador tanto para a teologia quanto para as ciências da natureza ousarem sair dos lugares acomodados, teóricos e práticos para repensar o sentido de ser, diante das urgentes demandas ecológicas dos nossos dias.

O surgimento de um novo biocentrismo como paradigma provoca o ser humano a rever seu posicionamento ante a vida, seu estilo de viver, seus valores fundamentais e suas convicções. O acolhimento da vida em toda sua plenitude rompe "com todas as formas de rejeição dela, porque o sim para a vida será sempre maior do que todo tipo de não a ela [...] o sim para a vida tem a capacidade de fazer o novo criativo" (MOLTMANN; BOFF, 2014, p. 74).

Declarações públicas testificam intentos de mudança de vida das sociedades contemporâneas. Mesmo sofrendo resistência por parte de governos e grupos da sociedade civil, avessos aos direitos da natureza por considerarem primitivismo e "ladainha conceitual", os esforços em benefício do planeta e do humano não têm sido em vão. Por exemplo, a Organização das Nações Unidas para a Educação, a Ciência e a Cultura (Unesco) reconhece que "o respeito aos conhecimentos, às culturas e às práticas tradicionais indígenas contribui para o desenvolvimento sustentável e equitativo e para a gestão adequada do meio ambiente". Já a Carta da Terra, documento internacional de denúncia e intenções, objetiva "somar forças para gerar uma sociedade sustentável global, baseada no respeito pela natureza, nos direitos humanos universais, na justiça econômica e numa cultura da paz".[1] Esses dois documentos compõem um vasto conjunto de manifestações que anseiam pelo acolhimento da vida em toda sua diversidade.

Na teologia cristã, o "outro" é o próximo e o próximo envolve também a natureza em toda sua amplitude. O cuidado com o ser humano implica também o cuidado com a natureza. A ecoteologia compartilha a crítica ao desenvolvimento predatório e busca outro tipo de relação com a natureza. O planeta de lógica cíclica não suporta a lógica linear do mercado de descarte. O consumismo do sujeito

---

[1] Chamada sobre a importância da Carta da Terra feita pelo Ministério do Meio Ambiente (Brasil). Disponível em: <http://www.mma.gov.br/responsabilidade-socioambiental/agenda-21/carta-da-terra>.

moderno põe em risco a harmonia dos ecossistemas que compõem a superestrutura de Gaia. A morte da natureza significa a morte do ser humano também.

Diante dos gritos de socorro dos subalternizados, humanos e natureza, a teologia pública é desafiada a resgatar o sentido de um universo teologal, quer dizer, mostrar que os seres humanos estão nivelados pelos ecossistemas que compõem a grande rede da vida. O mito da criação afirma a vocação humana para o cuidado e o cultivo do planeta (Gn 2,15). A criação é intrinsecamente boa e carrega em si um sentido, uma inteligibilidade interna advinda do próprio ato criador. Deus cria, isto é, suscita uma verdadeira novidade, uma realidade que tem em si mesma uma estrutura imanente de autogênese e de criatividade (CUNHA, 2019, p. 199).

Considerações finais

Nosso texto tem um caráter inconcluso. Permanece o desafio mundial de propor alternativas para as ideias de desenvolvimento e progresso e, ao mesmo tempo, preservar a vida do planeta em toda sua diversidade. Voltamos mais uma vez no tema do "bem viver" para contrapor a cultura do "bem-estar", oriunda da lógica da colonialidade, que tanto ameaça o futuro da vida no planeta e é fonte da crise na qual está imersa boa parte da humanidade hoje. O sistema neoliberal globalizado difunde nas pessoas uma cultura do bem-estar ocidental, marcada por um estilo de vida consumista. Em uma conversão do "penso, logo existo" cartesiano para o "consumo, logo existo", o sujeito consumista estabelece como meta de vida o bem-estar material. Ele é o protótipo de milhões de seres humanos que se sentem atraídos pela difusão de certos padrões de consumo infiltrados no imaginário coletivo, mantendo-os prisioneiros de um desejo permanente de comprar aquilo que geralmente não possuem condições econômicas para tê-lo. A imagem que se tem é de milhões e milhões de pessoas absorvidas pelas preocupações com as demandas da vida contemporânea, e, por elas manipuladas, acabam perdendo sua capacidade crítica e cedendo à alienação. É preciso repensar nosso jeito de ser no mundo.

O "bem viver" não pode sucumbir a um elemento retórico somente, mas reafirmar-se como um estilo de vida engajado e permanente. Não se deve reduzi-lo a um mero projeto alternativo de desenvolvimento economicista nem retroceder à pré-modernidade em busca de um mundo idílico; tampouco transformá-lo em uma religião com seu catecismo. Ele não é um "desenvolvimento sustentável" ou "capitalismo verde", mas é um conceito plural que interpela a teologia e outros saberes questionando os pressupostos das sociedades tecnocientíficas. Reduzir o "bem viver" a uma ideia única significa cair no laço do domínio dos regimes totalitários. Sua riqueza está na diversidade de formas e o desafio consiste em estabelecer princípios comuns que regem a valorização da vida, tão presente no substrato das religiões e das suas teologias.

Referências

ACOSTA, Alberto. *O bem viver*: uma oportunidade para imaginar outros mundos. Rio de Janeiro: Autonomia Literária/Elefante, 2016.

ALBÓ, Xavier. *Bem viver*: um novo caminho. Disponível em: <https://www.youtube.com/watch?v=RjQ_nkbyF0c>. Acesso em: 09 maio 2022.

ANJOS, Márcio Fabri dos. Teologia como profissão: da confessionalidade à esfera pública. In: SOARES, Afonso Maria; PASSOS, João Décio (Org.). *Teologia pública*: reflexões sobre uma área de conhecimento e sua cidadania acadêmica. São Paulo: Paulinas, 2011.

BÍBLIA SAGRADA. Traduzida em português por João Ferreira de Almeida. Revista e Atualizada no Brasil. 2. ed. Barueri: Sociedade Bíblica do Brasil, 1993.

BODEN, Margaret A. *The Creative Mind*: Myths ant Mechanisms. 2. ed. London: Routledge, 2004.

CAPRA, Frijof. *A teia da vida*: uma nova compreensão científica dos sistemas vivos. São Paulo: Cultrix, 2006.

CHAMADA SOBRE A IMPORTÂNCIA da Carta da Terra feita pelo Ministério do Meio Ambiente (Brasil). Disponível em: <http://www.mma.gov.br/responsabilidade-socioambiental/agenda-21/carta-da-terra>. Acesso em: 12 maio 2022.

CUNHA, Carlos. *Encontros decoloniais entre o Bem Viver e o Reino de Deus*. Campinas: Saber Criativo, 2019.

CUNHA, Carlos. *Paul Tillich e a teologia pública no Brasil*. São Paulo: Garimpo, 2016.

HABERMAS, Jürgen. *Direito e democracia*: entre facticidade e validade. Rio de Janeiro: Tempo Brasileiro, 1997. v. 2.

KUHN, Thomas. *A estrutura das revoluções científicas*. 11. ed. São Paulo: Perspectiva, 2011.

LANG, Miriam et al. Pensar a partir do feminismo: críticas e alternativas ao desenvolvimento. In: DILGER, Gerhard; LANG, Miriam; FILHO, Jorge Pereira. *Descolonizar o imaginário*: debates sobre o pós-extrativismo e alternativas ao desenvolvimento. São Paulo: Fundação Rosa Luxemburgo, 2016.

LIBANIO, João Batista. *Introdução à vida intelectual*. 2. ed. São Paulo: Loyola, 2002.

LIBANIO, João Batista; MURAD, Afonso. *Introdução à teologia*: perfil, enfoques e tarefas. 3. ed. São Paulo: Loyola, 2001.

LOVELOCK, James. *As eras de Gaia*: a biografia da nossa Terra viva. Rio de Janeiro: Campus, 1991.

LÖWY, Michael. *O que é cristianismo da libertação?* Religião e política na América Latina. São Paulo: Fundação Perceu Abramo/Expressão Popular, 2016.

LYOTARD, Jean-François. *A condição pós-moderna*. 14. ed. Rio de Janeiro: José Olympio, 2001.

MAMANI, Fernando Huanacuni. *Buen Vivir/Vivir Bien*: Filosofía, políticas, estrategias y experiencias regionales andinas. Coordinadora Andina de Organizaciones Indígenas – CAOI. Lima, Peru: 2010.

MOLTMANN, Jürgen. *Experiências de reflexão teológica*: caminhos e formas da teologia cristã. São Leopoldo: Unisinos, 2004.

MOLTMANN, Jürgen; BOFF, Leonardo. *Há esperança para a criação ameaçada?* Petrópolis, RJ: Vozes, 2014.

MORAES, Maria Cândida. Saberes para uma cidadania planetária. 2016. Disponível em: <https://aprece.org.br/wp-content/uploads/2016/03/Cidadania-Planet%c3%a1ria.pdf>. Acesso em: 12 maio 2022.

MORIN, Edgar. *Ciência com consciência*. 12. ed. Rio de Janeiro: Bertrand Brasil, 2008.

O'MURCHU, Diarmuid. *Religion in Exile*: A Spiritual Homecoming. New York: Crossroad, 2000.

PADILHA, Roberto et al. *Educação para a cidadania planetária*: currículo intertransdisciplinar em Osasco. São Paulo: Editora e Livraria Instituto Paulo Freire, 2011.

PASSOS, João Décio. Teologia e profissão: considerações gerais sobre a institucionalização de uma área de conhecimento. In: SOARES, Afonso Maria; PASSOS, João Décio (Org.). *Teologia pública*: reflexões sobre uma área de conhecimento e sua cidadania acadêmica. São Paulo: Paulinas, 2011.

QUIJANO, Aníbal. Colonialidad y modernidad-racionalidad. In: PALERMO, Zulma; QUINTERO, Pablo (Coord.). *Aníbal Quijano*: textos de fundación. Buenos Aires: Editorial: Ediciones del Signo, 2016.

RIBEIRO, Paulo et al. *Consciência planetária e religião*. Belo Horizonte: PUC Minas; São Paulo: Paulus, 2009.

RODRÍGUEZ, Adriana S. *Teoría y práctica del Buen Vivir*: orígenes, debates conceptuales y conflictos sociales. El caso de Ecuador (Tesis doctoral). Universidad del País Vasco / Instituto Hegoa, Bilbao, España, 2016.

SINNER, Rudolf von. Teologia pública no Brasil: um primeiro balanço. *Perspectiva Teológica*, Belo Horizonte, ano 44, n. 122, p. 11-28, jan./abr. 2012.

SMITH, Cantwel W. *Towards a World Theology*: Faith and the Comparative History of Religion. Philadelphia: Westminster, 1981.

SMIT, D. J. What Does "Public" Mean? Questions with a View to Public Theology. In: HANSEN, L. D. (Ed.). *Christian in Public*: Aims, Methodologies and Issues in Public Theology. Beyers Naudé Centre Series on Public Theology. Stellenbosch: Sun Press, 2007.

SUESS, Paulo. Elementos para a busca do bem-viver – *sumak kawsay* – para todos e sempre. 2020. Disponível em: <http://www.cimi.Org.br/site/pt-br/?system=news&action=read&id=5166>. Acesso em: 12 maio 2022.

TILLICH, Paul. *Teologia da cultura*. São Paulo: Fonte Editorial, 2009.

TILLICH, Paul. *Teologia Sistemática*. 5. ed. rev. São Leopoldo: Sinodal, 2005.

TRACY, David. *A imaginação analógica*: a teologia cristã e a cultura do pluralismo. São Leopoldo: Unisinos, 2004.

VIGIL, José Maria (Org.). *Por uma teologia planetária*. São Paulo: Paulinas, 2011.

CAPÍTULO 5

Democracia e justiça: considerações sobre o processo democrático

Carlos Henrique Soares

Introdução

O CPC-15 (Código de Processo Civil), no art. 6º, defende a necessidade de existência de um processo com a observância da cooperação, celeridade, duração razoável do processo e uma *decisão de mérito justa*. Não há indicação no ordenamento jurídico brasileiro, diferentemente do que ocorre no processo italiano,[1] para a observância de um *processo justo*, mas há previsão expressa no direito processual brasileiro para que haja uma *decisão de mérito justa*. De fato, é importante considerar que o *processo justo* está relacionado à *decisão justa ou injusta*.

Diante da leitura do artigo 6º do CPC, surge a indagação: *o que vem a ser uma decisão de mérito justa?* Além disso, complementando a pergunta, é ou não possível existir uma decisão justa sem que haja um

---

[1] CPC italiano: Art. 111 La giurisdizione si attua mediante il giusto processo regolato dalla legge

processo justo? Qual o sentido de processo e decisão justa? As expressões *processo justo* e *decisão justa* estão corretamente utilizadas ou seria necessário indicar uma nova expressão para decisão justa e processo justo?

1. Processo justo e decisão justa

Os termos *processo justo* e *decisão justa* não revelam uma cientificidade necessária para a compreensão do problema no qual pretendemos apresentar. A justiça processual ou justiça decisional é por demais subjetiva e se constitui em uma "cláusula aberta" que pode gerar inúmeras dificuldades hermenêuticas e caminhar para a inaplicabilidade ou para o autoritarismo judicial.

Quando tocamos no tema de existência de um *processo justo* ou de uma *decisão justa*, queremos indicar a existência de um processo que respeitou as garantias constitucionais processuais (contraditório, ampla defesa, isonomia, devido processo, duração razoável e celeridade) e uma decisão que levou em consideração o contraditório, a ampla defesa, a influência, a cooperação das partes e fundamentação das decisões, conforme determina o art. 93, IX, CF/88, e o art. 11 do CPC, em conjunto com o art. 489, §1º, do CPC. A decisão justa aponta para um necessário processo justo.

Tratando de decisão justa estamos indicando que houve uma decisão que respeitou a um só tempo o contraditório (art. 7º do CPC), a ampla defesa (art. 5º, inc. LV da CF/88, a isonomia, o devido processo (art. 5º, inc. LIV da CF/88), a cooperação processual (art. 6º do CPC), a fundamentação das decisões (art. 11 do CPC) e o direito à influência (art. 9º e 10º do CPC), como elementos necessários para a construção de uma democrática decisão, dando aplicabilidade ao que determina o art. 6º, 7º, 9º, 10º e 11 do CPC-15.

Há um claro apontamento no CPC-15 no sentido de afastar qualquer ideia hermética de que o processo justo ou a decisão justa dependeriam, única e exclusivamente, da função jurisdicional. Ao contrário do que muitos pensadores do direito processual civil direcionavam suas argumentações, o processo e a decisão justa no Estado Democrático de Direito apontam para uma transferência de responsabilidade do juiz para as partes, que devem cooperar entre si para a construção argumentativa da decisão. Enquanto "justo" seria o processo que se constituísse na melhor técnica para oferecer às partes um amplo espaço dialógico, que garantisse o contraditório, ampla defesa, devido processo, a "decisão justa" seria a correspondente utilização de diálogo e provas apresentadas pelas partes, os quais o juiz se permitisse refutar e desenvolver argumentos no sentido de concluir o debate apresentado pelas partes.

Nada há de justo em um processo que está centralizado na atividade jurisdicional apenas. A responsabilidade pelo processo justo deve ser conferida à lei e não ao juiz. Cabe ao juiz apenas respeitar e fazer observar as regras processuais que acabam por buscar a garantia do contraditório, da ampla defesa e do devido processo (art. 139 do CPC).

Como uma primeira reflexão sobre o tema do processo justo e da decisão justa iremos indicar que, em razão do grau de subjetivismo que tais expressões carregam e da dificuldade hermenêutica, teremos que deixar de utilizar tais expressões. Elas desservem ao processo constitucional-democrático. Teceremos fortes críticas aos termos processo justo e decisão justa e buscaremos trocá-los por outras que, em nosso entendimento, melhor se adéquam ao paradigma constitucional-democrático (art. 1º da CF/88).

Quando utilizamos a expressão "processo justo ou decisão justa" estamos indicando a necessária observância dos direitos fundamentais previstos na Constituição Brasileira, em seu art. 5º, em todos os seus incisos. Não podemos admitir um processo justo e uma decisão justa baseados em onipotência, onipresença e onisciência jurisdicional. Se, com base em parâmetros exclusivamente judiciais, uma decisão for tomada, temos a certeza de que não estamos em um processo justo e que a decisão não foi justa.

Afirmamos que não é possível obter uma decisão justa se o processo foi injusto. O processo justo é pressuposto para uma decisão justa. Trabalhar com a concepção de que o processo é apenas um meio para a realização da justiça é não admitir o avanço civilizatório e das modernas técnicas de resolução de conflitos. Portanto, discordamos de Eduardo J. Couture, que afirmou ser o processo somente um meio para a realização da justiça (COUTURE, 1989, p. 23). Ao contrário, o processo é condição *sine qua non* para uma decisão justa.

Também não podemos coadunar com a corrente de processualistas que acreditam que o processo justo é uma forma de obtenção de pacificação social. A justiça para esse processualista se dá através da conformidade social e da aceitação da decisão. A decisão justa seria aquela que ajuda na conformação social e no entendimento de que as coisas que já foram decididas devem ser admitidas e aceitas como um meio impositivo de vontade de um sobre os outros.

O processo justo foi desenvolvido em uma perspectiva "socializadora do processo". Tais ideias defendidas por Franz Klein tinham como elemento fundamental a atribuição de maiores poderes ao juiz para buscar a pacificação social e resolver os conflitos de forma direta e mais rápida, com bastante autoridade. Essa concepção de processo foi muito difundida no Brasil e várias normas processuais foram desenvolvidas para buscar caracterizar essa perspectiva de atribuição de mais poderes ao juiz.[2]

---

[2] Conforme afirma Dierle Nunes: "Vê-se que a legislação pode ser socializadora e oral, mas condução do procedimento se dá como se a legislação fosse liberal e escrita. De fato, o único aspecto da socialização que se implementou no Brasil foi o de se reforçar o papel da magistratura e a credulidade de sua superioridade, a partir de um suposto privilégio cognitivo, que encontra suas bases na teoria do processo, no pensamento de vários autores, mas notadamente no de Oskar Von Büllow" (NUNES, 2012, p. 98).

Leonardo Greco, em análise objetiva sobre a expressão "processo justo", apresenta uma séria de requisitos para sua implementação, quais sejam: (a) amplo acesso à justiça, porque todos têm direito de acesso a uma decisão justa, merecem o patrocínio técnico, o suprimento de incapacidades (inclusive financeiras), devendo ser excepcionais os impedimentos ao acesso, especialmente aqueles relativos a questões de forma; (b) o juiz deve ser imparcial, equidistante das partes, sujeitando-se o julgamento somente aos ditames do direito e da justiça; a imparcialidade (subjetiva) deve ser conjugada com a independência (objetiva) advinda das garantias de investidura do cargo e exercício da função, sem exclusão do diálogo humano, contudo; (c) a ampla defesa deve favorecer não somente a argumentação como também as teses (defesa técnica) e o acesso à prova das alegações; (d) o julgamento deve ser apresentado ao juiz natural, preexistente, acessível; (e) a jurisdição deve atuar somente mediante provocação, salvo os casos de proteção da dignidade humana; (f) as decisões devem ser tomadas mediante contraditório prévio, ou diferido em casos excepcionais; o contraditório democrático e participativo pressupõe a audiência bilateral, o direito de alegar, ser ouvido e produzir provas, a congruidade e a suficiência dos prazos, a fundamentação das decisões, a recorribilidade das decisões, a proibição de surpresa processual, a proibição de tarifação da prova, a proibição da ilicitude das provas e o direito de intervenção de terceiros, havendo interesse; (g) oralidade e imediatidade; (h) garantia da coisa julgada em um sentido forte, admitida a modificação de julgado em casos graves e excepcionais, sem prazo exíguo; (i) os órgãos judiciários devem ser impessoais, técnicos e profissionalmente preparados e permanentes; (j) provimentos jurisdicionais com qualidade (eficiência qualitativa), tanto em relação ao tempo quanto ao conteúdo; (k) procedimento segundo o rito legal, que pode ser flexível, porém, previsível, não sendo necessária a uniformidade, podendo ser especial, desde que adequado à tutela pretendida; (l) assegurada a publicidade (salvo raras exceções) para assegurar o controle democrático popular do Poder Judiciário e para a formação da consciência acerca da justiça e o aumento da confiança pública ("*justice is not only to be done, but to be seen to be done*"); (m) as medidas de coerção devem obedecer ao princípio da legalidade estrita; (n) a prestação jurisdicional deve ser outorgada em prazo razoável, observando-se, inclusive, a inexistência de óbices ilegítimos de acesso (p. ex., os prazos exíguos de prescrição); (o) duplo grau de jurisdição; (p) equidade processual (GRECO, 2005, p. 222-286).

Interessante ressaltar que a observância de todas as garantias enumeradas por Leonardo Greco e que foram citadas acima não garante por si só um processo justo nem uma decisão justa. Há um equívoco em indicar que o elemento garantidor do processo e de uma decisão justa seria exclusivamente colocado na figura do juiz. Esse é o problema central dos processualistas e na busca das garantias processuais democráticas. Não é responsabilidade exclusiva do juiz a garantia processual. Precisamos diluir a responsabilidade processual entre todos os sujeitos processuais, quais sejam, juiz, partes, advogados, ministério público e terceiros.

2. Habermas e "decisão justa" – Questão de legitimidade

Diante das considerações feitas sobre a "decisão justa", insta observar que entre elas há um ponto de contato comum, ou seja, a função jurisdicional se constitui elemento centralizador do exercício do poder e do autoritarismo, uma vez que a figura do juiz é colocada como responsável direta pela validade do direito e pela aplicação da justiça.

A defesa da centralização do ato de decidir nas mãos exclusivas do julgador acaba por afastar a democracia e a cidadania, elementos indispensáveis para que se possa caracterizar a legitimidade das decisões.

Para justificar tal afirmativa, apresentaremos as principais ideias de Jürgen Habermas, desenvolvidas em sua obra *Direito e democracia*, na qual, especialmente no capítulo VI, o autor busca responder a seguinte indagação: como relacionar a atividade judicial e a atividade legislativa, sem que a justiça lance mão de competência legisladora, o que faria soterrar a ligação estrita que deve haver entre a administração e a lei (HABERMAS, 1997, v. I, 297)?

Para responder à indagação acima referenciada, parte Habermas para uma análise sobre os paradigmas de direitos, especificamente o paradigma liberal, o social e o democrático.

No paradigma liberal, a imagem de sociedade implícita é caracterizada pela bifurcação em sociedade civil e sociedade política, representadas, respectivamente, pela esfera privada, ou seja, vida individual, família e mercado (trabalho e empresa capitalista), e esfera pública, cidadania política, representação política e negócios de Estado (CATTONI DE OLIVEIRA, 2002, p. 55).

Nesse modelo liberal de sociedade, a Constituição deveria fazer uma separação entre a esfera de uma sociedade econômica, livre do Estado, na qual os indivíduos buscam sua felicidade e seus próprios interesses de forma autônoma e privada, e a esfera estatal da persecução do bem comum.

Para Canotilho, o Estado liberal limita-se à defesa da ordem e segurança públicas ("Estado de polícia", "Estado gendarme", "Estado guarda-noturno"), remetendo-se os domínios econômicos e sociais para os mecanismos da liberdade individual e da liberdade de concorrência. Nesse contexto, os direitos fundamentais liberais decorriam não tanto de uma declaração revolucionária de direitos, mas do respeito de uma esfera de liberdade individual (CANOTILHO, 1941, p. 93).

Fica então a cargo do legislativo a elaboração de leis, fonte exclusiva do direito. Ao judiciário ficava a atribuição de resolução dos conflitos entre as partes, aplicando o direito material vigente de modo estrito, por meio de processos lógico-dedutivos de subsunção do caso concreto às hipóteses normativas, sob os ditames da igualdade formal, estando sempre vinculados ao sentido literal, no máximo lógico, da lei. E o executivo teria como função implementar o direito, garantindo a certeza e a segurança jurídicas e sociais, internas e externas, na paz e na guerra (CATTONI DE OLIVEIRA, 2002, p. 56-57).

A prática de decisão judicial é entendida como agir orientado pelo passado, fixado nas decisões do legislador político, diluídas no direito vigente. Esse modelo parte da premissa segundo a qual a Constituição do Estado de Direito deve repelir primariamente os perigos que podem surgir na dimensão que envolve o Estado e o cidadão, portanto, nas relações entre o aparelho administrativo que detém o monopólio do poder e as pessoas privadas desarmadas (HABERMAS, 1997, v. I, p. 304).

Com a superação do modelo liberal e o surgimento do modelo social de Estado, a Constituição deixa de ser encarada, apenas, como um conjunto de regras estruturadas por meio de princípios, e passa a ser vista também como uma "ordem concreta de valores". Nesse paradigma, a Constituição é compreendida como a consubstanciação axiológica concreta da identidade ética e da auto-organização total de uma sociedade política, verdadeira, consistindo em um mecanismo ou instrumento de governo com função compatibilizadora.

A Constituição é o estatuto jurídico-político fundamental do Estado e da sociedade: organiza e limita os poderes do Estado e é "medida material da sociedade". A Constituição prescreve programas políticos, define procedimentos, estrutura competências. Questões não só de controle de constitucionalidade da atividade legislativa, como também de omissões legislativas inconstitucionais, passam à tela de juízo. A vinculação positiva e negativa do legislador às normas constitucionais é discutida e analisada, embora muitos publicistas, com base em uma visão liberal de direito, defendam a não aplicabilidade e a falta de eficácia vinculante das normas constitucionais (CATTONI DE OLIVEIRA, 2002, p. 60).

A crítica do Estado Social contra o direito formal burguês concentra-se na dialética que se opõe entre a liberdade de direito e a liberdade de fato dos destinatários do direito. A liberdade de fato mede-se pelas consequências sociais observáveis que atingem os envolvidos, resultantes das regulamentações jurídicas, ao passo que a igualdade de direito se refere à sua competência em decidir livremente, no quadro das leis, segundo preferências próprias. O princípio da liberdade de direito gera desigualdades fáticas, pois permite o uso diferenciado dos mesmos direitos por parte de sujeitos diferentes; com isso, ele preenche os pressupostos jurídico-subjetivos para uma configuração autônoma e privada da vida. Nessa medida, a igualdade de direito não pode coincidir com a igualdade de tratamento jurídico, pois discriminam determinadas pessoas ou grupos, prejudicando realmente as chances para o aproveitamento de liberdades de ação subjetivas, distribuídas por igual. As compensações do Estado do Bem-Estar Social criam a igualdade de chances, as quais permitem fazer uso simétrico das competências de ação asseguradas; por isso, a compensação das perdas em situações de vida concretamente desiguais, e de posições de poder, serve à realização da igualdade de direito. No entanto, essa relação se transforma em um dilema, quando as regulamentações do Estado do Bem-Estar Social, destinadas a garantir, sob o ponto de vista da igualdade do direito, uma igualdade de fato a situações de vida e posições de poder, só conseguem atingir esse objetivo em condições ou com a ajuda de meios que reduzem significativamente os espaços para a configuração de uma vida privada autônoma dos presumíveis beneficiários. O direito social revela que o direito materializado no Estado Social é ambivalente, propiciando e, ao mesmo tempo, retirando a liberdade, o que se explica pela dialética entre liberdade de direito e de fato (HABERMAS, 1997, v. I, p. 154-156).

Sob o paradigma do Estado Social, o princípio da separação de poder toma uma nova dimensão. Não cabe mais dizer em separação de poder, mas sim em separação das funções do Estado, já que não haveria atribuição de diferentes competências a órgãos distintos, mas sim a de funções a órgãos distintos que as exercem cooperativamente, na unidade da soberania estatal.

O executivo passa a dispor de mecanismos jurídicos peculiares, que, em nome do interesse coletivo, público, social ou nacional, intervém na economia e na sociedade civil, direta e indiretamente. O legislativo, além da atividade legislativa, passa a exercer a função de fiscalização e de apreciação da atividade da Administração Pública e da atuação econômica do Estado. E ao judiciário, no exercício da função jurisdicional, cabe aplicar o direito material vigente nos casos concretos submetidos à sua apreciação, de modo construtivo, buscando o sentido teleológico de um imenso ordenamento jurídico. Não se prendendo à literalidade da lei e à enormidade de regulamentos administrativos, nem à possível intenção do legislador, deve enfrentar os desafios de um direito lacunoso, cheio de antinomias. E será exercida tal função por meio de procedimentos que muitas vezes fogem ao ordinário, nos quais deve ser levada mais em conta a eficácia da prestação ou tutela do que propriamente a certeza jurídico-processual-formal: no Estado Social, cabe ao juiz, enfim, no exercício da função jurisdicional, uma tarefa densificadora e concretizadora do direito, a fim de se garantir, sob o princípio da igualdade materializada, "a Justiça no caso concreto" (CATTONI DE OLIVEIRA, 2002, p. 60-61).

Assim, uma "decisão justa" no Estado Social de Direito passa pela compreensão e pela aplicação dos valores contidos na Constituição. É justa a decisão que atenda aos valores constitucionais. Portanto, ao se falar em decisão justa, é necessário que a aplicação do direito atenda aos fins sociais.

Já no Estado Democrático de Direito e nas ideias defendidas por Habermas, que buscam a um só tempo superar o Estado Liberal e Social de Direito, o princípio da democracia passa a ser fundamental para a obtenção de uma decisão justa.

Afirma Marcelo Cattoni que

> [...] a teoria do Direito, fundada no discurso, entende o Estado Democrático de Direito como a institucionalização de processos e pressupostos comunicacionais necessários para uma formação discursiva da opinião e da vontade, a qual possibilita, por seu turno, o exercício da autonomia política e a criação legítima do Direito. De outro lado, a teoria da sociedade fundada na comunicação entende o sistema político estruturado segundo o Estado de Direito como um sistema de ação entre outros. Este pode compensar os eventuais problemas de integração na sociedade global, colocando a formação institucionalizada da opinião e da vontade em contato com comunicações públicas informais, pois está inserido nos contextos de um mundo da vida através de uma esfera ancorada numa sociedade civil. Finalmente, uma determinada compreensão do Direito estabelece a relação entre a abordagem normativa e a empírica. Segundo essa concepção, a comunidade jurídica pode ser entendida como um médium através do qual as estruturas de reconhecimento concretizadas no agir comunicativo

passam do nível das simples interações para o nível abstrato das relações organizadas. A rede tecida pelas comunicações jurídicas é capaz de envolver sociedades globais, por mais complexas que sejam (CATTONI DE OLIVEIRA, 2001, p. 171-180).

O processo de tomada de decisão justa, portanto, no paradigma democrático, é o procedimento discursivo, participativo, que garante a geração de decisão participativa. Logo: "A instrumentalidade técnica do processo está em que ele se constitua na melhor, mais ágil e mais democrática estrutura para que a sentença que dele resulte se forme, seja gerada, com a garantia de participação igual, paritária, simétrica, daqueles que receberão os seus efeitos" (GONÇALVES, 1993, p. 171).

Desse modo é que a Constituição deverá ser compreendida: como a institucionalização de condições processuais para a formação da vontade e da opinião políticas e como instância de reconhecimento reflexivo, que, presente a tensão entre facticidade e validade, pretendem garantir o exercício das autonomias pública e privada dos coassociados jurídicos (CATTONI DE OLIVEIRA, 2006, p. 87).

É a legalidade, para Habermas, que determina a legitimidade mediante a razão comunicativa e a democracia como pano de fundo. A validade social das normas depende do processo de sua formação, e só serão legítimas a norma jurídica e a decisão jurídica que atenderem ao princípio discursivo do direito. A elaboração, aplicação e controle normativo devem ser realizados argumentativamente, para garantir a legitimidade.

Habermas, buscando entender o direito à luz do Estado Democrático de Direito e pelo princípio da democracia, que, no âmbito jurídico, se converte em princípio do discurso, propôs uma reflexão procedimental acerca da legitimidade do direito, nos seguintes termos:

[...] a compreensão procedimentalista do Direito tenta mostrar que os pressupostos comunicativos e as condições do processo de formação democrática da opinião e da vontade são a única fonte de legitimação. [...] O ordenamento jurídico só passa a ser normativo no momento em que incorpora a dimensão da liberdade comunicativa, pois essa normatividade é tão somente mediata, porque, para constituir-se como normativo, o ordenamento jurídico precisa ser reconhecido como legítimo. O simples fato de ser fruto de um procedimento legislativo não confere à norma jurídica autoridade absoluta. Antes, porém, o fato de ser norma jurídica lhe confere o "status" de autoridade relativa, pois, estando aberta à comprovação tácita, sua legitimidade é tributária de sua vinculação a processos democráticos. Para que o Direito possa ser entendido como emanação da vontade discursiva dos cidadãos, isto é, como expressão, é necessário que os autores possam posicionar-se sobre a manifestação dessa vontade. Como o Direito, ao mesmo tempo em que reúne um caráter de obrigatoriedade, também é sempre passível de revogação, a figura da igualdade das liberdades subjetivas assume uma posição crucial, pois, para que o Direito se estabeleça como legítimo, faz-se necessário que os membros de uma dada comunidade jurídica se entendam sobre o que é passível de obrigatoriedade jurídica (MOREIRA, 2004, p. 145-147 e 165-167 e 170).

Habermas entende que a linguagem é o único meio apto para produzir o consenso. A força geradora do consenso reside na coerção do melhor argumento. Para que o consenso seja possível, todos aqueles que entram no discurso, se não quiserem abrir mão da própria racionalidade, devem predispor-se a atacar o melhor argumento, qual seja, aquele que melhor responder às críticas dos demais envolvidos. Um argumento é válido se, e somente se, todos os envolvidos tivessem que atacá-lo, se não quisessem abrir mão de sua racionalidade.

Diante disso, a fundamentação das decisões ganha relevância para a legitimidade da decisão.

Portanto, o ato de decidir, no Estado Democrático de Direito, não pode ser exarado unilateralmente pela clarividência do juiz, dependente das suas convicções ideológicas, mas deve, necessariamente, ser "gerado na liberdade de participação recíproca, e pelo controle dos atos do processo" (GONÇALVES, 1993, p. 188).

Diante disso, decisão legítima e não mais *decisão justa*, no Estado Democrático de Direito, não pode e não deve ter o juiz como centro da prestação da tutela jurisdicional, como querem os autores da escola instrumentalista do processo. O juiz é apenas mais um componente necessário à efetiva prestação da atividade jurisdicional, mas não o único e não o principal. As partes, os membros do ministério público e os advogados são responsáveis, também, pela prestação da tutela jurisdicional. A partir daí há um deslocamento do centro da prestação da tutela jurisdicional do juiz para o processo. A participação em simétrica paridade, garantindo o contraditório, a ampla defesa e a isonomia, é que assegura às partes, ao Ministério Público, aos advogados e ao juiz a efetiva prestação da tutela jurisdicional.

Assim, a legitimidade e a justiça das decisões jurídicas apontam no sentido do processo, o qual, por sua vez, deve ser entendido como "necessária instituição constitucionalizada que, pela principiologia do instituto do devido processo legal, converte-se em direito – garantia impostergável e representativo de conquistas históricas da humanidade na luta secular empreendida contra a tirania, como referente constitucional lógico-jurídico, de interferência expansiva e fecunda, na regência axial das estruturas procedimentais nos segmentos da administração, legislação e jurisdição" (LEAL, 2000, p. 82).

Nas palavras de Rosemiro Pereira Leal

[...] as decisões no ordenamento jurídico democrático não mais se equacionam na esfera atomística do saber judicante ou pelo solipsismo iluminista da imparcial clarividência do julgador. O direito, em sua produção e aplicação no Estado democrático, não se orienta pela mítica sociologista de legitimação nas tradições, sequer cumpre desideratos da realização da utopia da sociedade justa e solidária por inferência direta de um imaginário coletivo de bases utópico-retóricas ou estratégicas de autoengano (ideologismo) (LEAL, 2002, p. 154-155).

Nessa conjectura, decisão justa só seria aquela que se adequasse às características e aos objetivos da teoria democrática processualmente fundacional da normatividade. As decisões, nesta acepção, só se legitimariam pela pré-compreensão teórica do discurso democrático como base de fundamentação da decidibilidade (LEAL, 2002, p. 95).

O que garante a legitimidade da formação da decisão jurídica, além da observância do contraditório e da ampla defesa, é a observância do princípio da fundamentação das decisões judiciais. Fundamentar a decisão, em síntese, significa indicar ou justificar as razões jurídicas pelas quais uma decisão foi tomada em detrimento de outra.

Adverte Ronaldo Brêtas, a respeito, que

[...] esta justificação, porém, não pode ser abstrata, desordenada, desvairada, ilógica, irracional ou arbitrária, formulada no influxo das ideologias, do particular sentimento jurídico ou das convicções pessoais do agente público julgador, porque ele não está sozinho no processo, não é seu centro de gravidade e não possui o monopólio do saber.[3] A justificação se faz dentro de um conteúdo estrutural normativo que as normas processuais impõem à decisão, em forma tal que o julgador lhe dê motivação racional sob a prevalência do ordenamento jurídico e indique a legitimidade das escolhas adotadas, em decorrência da obrigatória análise dos argumentos desenvolvidos pelas partes, em contraditório, em torno das questões de fato e de direito sobre as quais estabeleceram discussão. Portanto, a fundamentação da decisão jurisdicional será o resultado lógico da atividade procedimental realizada mediante os argumentos produzidos em contraditório pelas partes, que suportarão seus efeitos (BRÊTAS, 2004, p. 146-147).

A partir dessas concepções, nota-se um inegável entrelaçamento do princípio do contraditório com o princípio da fundamentação,

---

[3] Prossegue Ronaldo Brêtas, nas suas ponderações, apontando que algumas dessas "ideologias" surgem cogitadas em doutrinas prestigiadas. Por exemplo, preconiza-se, no ato estatal de julgar, a interferência das "convicções sociopolíticas do juiz, que hão de refletir as aspirações da própria sociedade" (DINAMARCO, 1987, p. 274). Também na motivação da sentença, muitas vezes, cogita-se a influência de um "oculto sentimento" do juiz, qual seja, "simpatia, antipatia, desinteresse por uma questão ou argumentação jurídica", "todas as variações dessa realidade misteriosa, maravilhosa e terrível que é o espírito humano", refletidas nos repertórios de jurisprudência (CAPPELLETTI, 1974, p. 3-5). Entretanto, adverte Brêtas, o entrelaçamento técnico dos princípios da reserva legal, do contraditório e da fundamentação, que se dá pela garantia do processo constitucional, tolhe a nefasta intromissão dessas "ideologias" no ato estatal de julgar, ultimamente em voga, eis que repudiadas pela configuração jurídico-fundamental do Estado Democrático de Direito, princípio ao qual a função jurisdicional está sempre vinculada. Daí a lição proficiente de Rosemiro Pereira Leal: "A reserva legal, como referente lógico-jurídico da legitimidade jurisdicional, erigiu-se em princípio constitucional de racionalidade na prolatação das decisões judiciais, o que torna imprescindível a fundamentação do ato jurisdicional em leis que lhe sejam procedentes" (LEAL, 2000, p. 110). Endossamos essa posição doutrinária, porque as partes, no processo, têm o direito de obter do Estado um provimento conforme o ordenamento jurídico vigente. Logo, a sentença tem de indicar com precisão as normas jurídicas (regras e princípios) que lhe serviram de base à fundamentação. Nessa linha de pensamento, poder-se-ia até mesmo sustentar a incidência do princípio da precisão (ou determinabilidade) das normas jurídicas, a informar a segurança jurídica do ato estatal de julgar.

como explica André Cordeiro Leal, corroborando o entendimento acima exposto, ao sustentar que

> [...] mais do que garantia de participação das partes em simétrica paridade, portanto, o contraditório deve ser efetivamente entrelaçado com o princípio [...] da fundamentação das decisões, de forma a gerar bases argumentativas acerca dos fatos e do direito debatido, para a motivação das decisões, concluindo, decisão que desconsidere, ao seu embasamento, os argumentos produzidos pelas partes no seu *iter procedimental* será inconstitucional e, a rigor, não será sequer pronunciamento jurisdicional, tendo em vista que lhe faltaria a necessária legitimidade (CORDEIRO LEAL, 2002, p. 105).

Logo, haverá ilegalidade ou inconstitucionalidade da decisão jurídica se o órgão julgador do Estado desconhecer essas premissas, que, sob rigor técnico, não será pronunciamento jurisdicional, via de consequência, tratando-se de decisão absolutamente nula, eis que os efeitos da declaração de inconstitucionalidade de lei ou de qualquer ato do Estado, sobretudo ato decisório no processo, adentram no campo das nulidades (BATTAGLINI; NOVELLI, 1985, p. 132, apud GONÇALVES, 1993, p. 115).

Se, para obtenção de uma decisão legítima, é indispensável a observância do contraditório, somente é possível garantir o contraditório se modificarmos o entendimento sobre a questão da *cidadania*, como esclarece Habermas:

> [...] na linguagem dos juristas, a cidadania, *"citoyennete"* ou *"citizenship"*, teve, durante longo tempo, apenas o sentido de nacionalidade ou de pertença a um Estado; só ultimamente o conceito foi ampliado no sentido de um *status* de cidadão envolvendo direitos civis. A pertença a um Estado regula a subordinação de

pessoas sob um Estado, cuja existência é reconhecida pelo direito internacional. Sem levar em conta a organização interna do poder do Estado, essa definição da pertença, unida à demarcação do território do Estado, serve para a delimitação social do Estado. Segundo a autocompreensão do Estado Democrático de Direito, que se entende como uma associação de cidadãos livres e iguais, a pertença a um Estado está ligada ao princípio da voluntariedade. As características adscritivas convencionais da residência e do lugar de nascimento (*jus soli* e *jus sanguinis*) não são suficientes para fundamentar uma submissão irrevogável sob o poder soberano do Estado. Elas constituem apenas critérios administrativos que permitem supor um assentimento implícito, o qual corresponde ao direito de emigrar ou de renunciar à cidadania. Hoje em dia, no entanto, as expressões "cidadania" ou "*citizenship*" são empregadas, não apenas para definir a pertença a uma determinada organização estatal, mas também para caracterizar os direitos e deveres dos cidadãos (HABERMAS, 1997, v. II, p. 285).

Rosemiro Pereira Leal, em importante consideração, pontua alguns aspectos que podem contribuir para a desbanalização da cidadania como tema retórico e momentoso da preferência televisiva e radiofônica de nossos dias, em que se convocam entrevistados com rótulos acadêmicos de cientistas políticos (no fundo, meros comentaristas do casuísmo politiqueiro) para se incorporarem à corrente jornalística e da festiva orgia verbal sobre direitos humanos e soberania popular, tão do agrado dos espetáculos públicos de mitigação capitalista (neoliberal) da democracia.

Afirma Rosemiro Pereira Leal, a esse respeito, em primoroso texto:

[...] é que, quando escrevemos, em direito democrático, sobre cidadania como conteúdo de processualização ensejadora da legitimidade decisória, o que se sobreleva é o nivelamento de todos os componentes da comunidade jurídica para, individual ou grupalmente, instaurarem procedimentos processualizados à correição (fiscalização) intercorrente da produção e atuação do direito positivado como modo de autoinclusão do legislador-político-originário (o cidadão legitimado ao devido processo legal) na dinâmica testificadora da validade, eficácia, criação e recriação do ordenamento jurídico caracterizador e concretizador do tipo teórico da estabilidade constitucionalizada. Em direito democrático, o processo abre, por seus princípios institutivos (isonomia, ampla defesa, contraditório), um espaço jurídico-discursivo de autoinclusão do legitimado processual na comunidade jurídica para construção conjunta da sociedade jurídico-política. Tem-se, assim, no legitimado ao processo, por si próprio, o agente legal (remetente-receptor do exercício e autoentrega de sua pessoal cidadania no Estado Democrático de Direito). E tal se esclarece para retirar do conceito vulgar de cidadania conotações ligadas a um aleatório e ocasional exercício do voto ou a mobilizações sociais como formas tidas como importantes para provocar significativas transformações ou controles estruturais da sociedade política. Percebe-se logo a fragilidade e engano de se conceber a cidadania como núcleo central mitológico da usinagem da liberdade e dignidade humana. Cidadania é um deliberado vínculo jurídico-político-constitucional que qualifica o indivíduo como condutor de decisões, construtor e reconstrutor do ordenamento jurídico da sociedade política a que se filiou, porém, o exercício desse direito só se torna possível e efetivo pela irrestrita condição legitimada ao devido processo constitucional. Somente assim, a partir da legalidade, nas comunidades jurídicas pós-seculares, é atingível a concreção geral do Estado Democrático de Direito que é, nessa versão, um *status* (espaço aberto a todos de validação e eficácia processual contínua, negativa ou afirmativa, do ordenamento jurídico) (LEAL, 2002, p. 151).

Portanto, Habermas busca justificar sua ideia sobre legitimidade decisória por intermédio de uma teoria da democracia, por meio da qual entende que o processo de formação legítima da decisão jurídica depende da participação dos cidadãos, que podem identificar-se tanto como autores quanto como destinatários das normas jurídicas. Decisão legítima tem como pressuposto um processo legítimo, que realize a função socialmente integradora da ordem jurídica e a pretensão de legitimidade do direito, cumprindo simultaneamente atender às condições de uma decisão consistente e da aceitabilidade racional, devendo a aplicação da norma jurídica ao caso concreto ser buscada discursivamente.

Conclusão – Teoria processual da decisão jurídica

A teoria processual da decisão jurídica foi apresentada ao mundo jurídico pelo professor e processualista mineiro Rosemiro Pereira Leal, sustentando que o instituto da decisão recebe, no paradigma democrático de direito, significância diferenciada da conceituação encontrada nos padrões teóricos da dogmática analítica, comprometida com as escolas que orientavam o pensamento jurídico até a eclosão do movimento constitucionalista nos fins dos anos 1970 aos nossos dias (LEAL, 2002, p. 13).

Rosemiro Pereira Leal também sustenta que a ligação entre poder e decisão por sequelas históricas consolidou, na modernidade, uma compreensão distorcida do julgar, em que vontade e inteligência frequentam, por ensino de muitos, a mesma sede, que é a mente predestinada do sábio julgador (LEAL, 2002, p. 28). O autor, nessa teoria da decisão jurídica, busca superar a justificação e a legitimação do direito e da decisão jurídica pelo critério do poder e da imposição da autoridade, e não pela autoridade dos argumentos. Ele afirma que:

> [...] é preciso destruir o fetiche do Estado de Justiça que está a emperrar a transição para a pós-modernidade, que reclama o exercício jurídico de bases discursivas ao assentamento de uma comunidade jurídica a se instituir por si mesma por uma autoinclusão processual no sistema democrático já constitucionalizado como ocupante legitimada desse espaço jurídico ainda apropriado por gestores arcaizados que louvam numa razão instrumental de uma jurisdição (dicção de um direito culturalizado) salvadora da realidade hostil à realização de direitos fundamentais (LEAL, 2002, p. 30).

Isso significa dizer que, na pós-modernidade, a tensão que se verifica entre a facticidade e a validade não deve ser resolvida pela razão instrumental, sustentada, no processo, pelo autor Cândido Rangel Dinamarco, eis que tal teoria é insatisfatória para resolver os problemas complexos que a sociedade demanda. Na verdade, a teoria processual da decisão jurídica busca se afastar da tendência brasileira e mundial de colocar como fundamental para a paz social uma jurisdição célere. A jurisdição sem o processo acaba por incentivar mais conflitos, pois os conflitos sociais e econômicos não sofrem redução pelo exercício fiscalizatório popular e incondicional de controle da constitucionalidade democrática na base de produção e aplicação das leis no marco jurídico-teórico do devido processo constitucional (LEAL, 2002, p. 32).

Quando Cândido Rangel Dinamarco proclama sua substancial diferença com Fazzalari, informando que ele coloca a jurisdição no centro do sistema e o autor italiano coloca o processo, segundo Rosemiro Pereira Leal, conclui-se facilmente que o insigne professor paulista e vários seguidores não fizeram a opção pelo estudo do direito democrático, pensando ainda ser o plano da *decisão* exclusivo do decididor (juiz), e não um espaço procedimental de argumentos e fundamentos processualmente assegurados até mesmo para discutir a legitimidade da força do direito e dos critérios jurídicos de sua produção, aplicação e recriação (LEAL, 2002, p. 68-69).

Assim, dentro da teoria processual da decisão jurídica, Rosemiro Pereira Leal sustenta que a decisão jurídica não é mais uma oportunidade de realização da justiça ou de tornar o direito eficiente e prestante, mas é o instante de uma decisão a ser construída como resultante vinculada à estrutura procedimental, regida pelo processo constitucionalizado. Nesse sentido, o processo deixa de ser um instrumento da jurisdição ou mera relação jurídica para ser uma instituição que legitima o exercício da jurisdicionalidade.

Portanto, a decisão justa, dentro da teoria processual da decisão jurídica, só seria aquela que se adequasse às características e objetivos da teoria democrática processualmente fundacional da normatividade. Não é admissível, fundando-se em Popper, uma decisão do mundo da mente sobre a realidade das coisas e fatos sem a mediação de um questionamento teorizado por uma lógica autoproblematizada em testificações (processualização) abertas a todos para apontamento de erros (lacunas lógicas na construção do pensamento) (LEAL, 2002, p. 178). A decisão não se limita, no Estado Democrático, a métodos interpretativos (lógico, sistemático, histórico) e o processo legitimador à decisão jurídica vinculada, que "assume a qualidade de instituição de pós-modernização em paradigma teórico de plebiscitarização processual incessante (direito-de-ação irrestrito e incondicionado), com a consequente abertura jurídica de total autorrevisibilidade discursiva (devido processo constitucional) que legitima o ordenamento legal da democracia" (LEAL, 2002, p. 173).

Referências

BATTAGLINI, M.; NOVELLI, T. *Códice di Procedura Civile e leggi complementari con il commento della giurisprudenza della Cassazione.* 7. ed. Millanno: Giuffrè, 1985.

BRÊTAS C. DIAS, Ronaldo. *Responsabilidade do Estado pela função jurisdicional.* Belo Horizonte: Del Rey, 2004.

CANOTILHO, Joaquim José Gomes. *Direito constitucional e teoria da Constituição.* Lisboa: Almedina, 1941.

CAPPELLETTI, Mauro. *Proceso, ideologias, sociedad.* Trad. Santiago Sentis Melendo y Tomás A. Banzhaf. Buenos Aires: EJEA, 1974.

CASTANHEIRA NEVES, António. *O actual problema metodológico da realização do direito.* Coimbra: Coimbra Editora, 2003.

CATTONI DE OLIVEIRA, Marcelo Andrade. *Devido processo legislativo.* Belo Horizonte, Mandamentos, 2006.

CATTONI DE OLIVEIRA, Marcelo Andrade. *Direito constitucional.* Belo Horizonte: Mandamentos, 2002.

CATTONI DE OLIVEIRA, Marcelo Andrade. *Direito processual constitucional.* Belo Horizonte, Mandamentos, 2001.

CORDEIRO LEAL, André. *O contraditório e a fundamentação das decisões no direito processual democrático.* Belo Horizonte: Mandamentos, 2002.

COUTURE, Eduardo J. Las garantias constitucionales del Proceso Civil. In: COUTURE, Eduardo J. *Estudios de Derecho Procesal Civil.* 3. ed. Buenos Aires: Ediciones Depalma, 1989. v. I.

DINAMARCO, Cândido Rangel. *A instrumentalidade do processo.* São Paulo: RT, 1987.

GONÇALVES, Aroldo Plínio. *Nulidades no processo.* Rio de Janeiro: Aide, 1993.

GRECO, Leonardo. Garantias fundamentais do processo: o processo justo. In: GRECO, Leonardo. *Estudos de Direito Processual.* Campos dos Goytacazes: Editora Faculdade de Direito de Campos, 2005.

HABERMAS, Jürgem. *Direito e democracia*: entre facticidade e validade. Rio de Janeiro: Tempo Brasileiro, 1997. v. I e II.

JACKSON, J. D. Law, Fact and Narrative Coherence: A Deep Look at Court Adjudication. *J Semiot Law 3*, 81-95 (1990). https://doi.org/10.1007/BF01130271.

LAFER, Celso. *A reconstrução dos direitos humanos*: um diálogo com o pensamento de Hannah Arendt. São Paulo: Companhia das Letras. 1988.

LEAL, Rosemiro Pereira. *Teoria geral do processo*: primeiros estudos. 3. ed. rev. ampl. Porto Alegre: Síntese, 2000.

LEAL, Rosemiro Pereira. *Teoria processual da decisão jurídica*. São Paulo: Landy, 2002.

MOREIRA, Luiz. *Fundamentação do direito em Habermas*. Belo Horizonte: Mandamentos, 2004.

NETO, Cláudio Pereira de Souza. *Teoria constitucional e democracia deliberativa*. Rio de Janeiro: Renovar, 2006.

NUNES, Dierle José Coelho. *Processo Jurisdicional Democrático*: uma análise crítica das reformas processuais. Curitiba: Juruá, 2012.

PINTORE, Anna. *Law without Truth*. Liverpool: Deborah Charles, 2000.

CAPÍTULO 6
Infâncias e o direito à cidade

Túlio Campos

Apontamentos iniciais

A crescente urbanização da sociedade contemporânea faz com que a cidade seja o contexto de vida da maioria das crianças no mundo. De acordo com relatório do Unicef (2019), mais de 50% da população do mundo, que inclui mais de um bilhão de crianças, vive hoje em cidades médias e grandes. No Brasil, os dados do Instituto Brasileiro de Geografia e Estatística (IBGE) apontam que quase 85% dos brasileiros vivem nos centros urbanos (PNAD, 2015).

Esse cenário traz consigo um conjunto de problemas acerca das condições sociais de vida das crianças, tais como habitação, salubridade, mobilidade, educação, espaços de lazer, cultura e educação, segurança, violência, medo etc. Em várias regiões do mundo, a infraestrutura e os serviços básicos não estão sendo ampliados no mesmo ritmo do crescimento urbano. Cabe destacar que, no Brasil, 6 em cada 10 crianças e adolescentes vivem na pobreza (UNICEF, 2019). Desse modo, a criança que vive nos centros urbanos "progressivamente tornou-se uma das principais vítimas da segregação socioespacial, resultando em casos de confinamento e/ou controle excessivo para alguns grupos e marginalização para outros" (LANSKY; GOUVÊA; GOMES, 2014, p. 720), sinalizando, nestes aspectos, um empobrecimento da experiência social infantil.

Pesquisas acerca da temática "infância e cidade" ainda se apresentam como um campo interdisciplinar em consolidação no Brasil, em que se busca dar visibilidades às apropriações e usos do espaço urbano pelas crianças. Nesse sentido, focam nas crianças como atores sociais que vivem suas experiências em diferentes espaços sociais, não limitados somente aos da família e da escola, construindo "formas próprias de participação na vida urbana" (LANSKY; GOUVÊA; GOMES, 2012, p. 720).

De acordo com Sarmento (2018), a investigação sociológica das crianças no espaço urbano teve recentemente, no plano internacional, uma profunda renovação, por efeito conjugado de três fatores: (i) o desenvolvimento dos "estudos da infância" e, em particular, da "sociologia da infância", que trouxe para a agenda investigativa, sobretudo a partir dos últimos trinta anos, a condição social da infância e a compreensão da criança como ator social; (ii) a importância da cidade como campo investigativo nas Ciências Sociais, com a renovação da sociologia urbana; e (iii) a tematização da infância na cidade como possibilidade de aceder a um conhecimento único sobre a sociedade.

Müller e Nunes (2014) destacam que foi a partir do desenvolvimento da cidade moderna e da origem da família nuclear que a infância dependeu da delimitação dos espaços, que na atualidade se manifesta de forma cada vez mais especializada/institucionalizada. Nesse sentido, afirmam que "infância" e "cidade" são duas categorias de análise que raramente são colocadas face a face, existindo pouco diálogo entre o campo sociológico, urbanístico e da educação no que se refere ao tema. Para as autoras, existem poucos estudos teóricos sobre infância e cidade, "como se a criança pouco existisse no cotidiano do mundo social da cidade" (MÜLLER; NUNES, 2014, p. 667). Apontam, nessa perspectiva, que a articulação do pensamento educacional com o sociológico amplia a reflexão sobre espaços de experiências das crianças para além dos limites escolares e institucionalizados.

O processo de crescimento das cidades e sua expansão em níveis territoriais mais densos e longínquos teve início no final do século XVII, em especial na Europa recém-industrializada. As diferentes transformações sociais, econômicas, políticas e culturais ocorridas na Europa, principalmente nos séculos XVIII e XIX, levam alguns autores (SIMMEL, 1967; MUMFORD, 1965; LEFEBVRE, 2002; CHARNEY; SCHWARTZ, 2004) a avaliarem a emergência nesse período de novas formas de viver nas cidades europeias.

Charney e Schwartz (2004) mapeiam a modernidade a partir da análise de problemas e fenômenos considerados "modernos", não podendo ser entendida fora do contexto das práticas nas cidades. As cidades modernas proporcionaram espaços de circulação dos corpos e das mercadorias, inaugurando novas sensibilidades:

> O surgimento de uma cultura metropolitana que levou às novas formas de entretenimento e atividades de lazer; a centralidade correspondente do corpo como local de visão, atenção e estimulação; o reconhecimento de um público, multidão ou audiência de massa que subordinou a resposta individual à coletividade [...]; indistinção cada vez maior da linha entre a realidade e suas representações; e o salto havido na cultura comercial e nos desejos do consumidor que estimulou e produziu novas formas de diversão (CHARNEY; SCHWARTZ, 2004, p. 19).

Mumford (1965), relacionando os processos de industrialização e migração ocorridos no mundo, destaca que até o século XIX havia um equilíbrio de atividades dentro da cidade. As atividades agrícolas, ante a modernização, começam a perder espaços como forma de subsistência do ser humano, o qual se vê obrigado a se deslocar do campo para a cidade, atraído pelas possibilidades de trabalho e também pelo desejo de ascensão às novas tecnologias. Com a expansão do capitalismo emergem novas formas de comércio e atividades econômicas, transformando cada parte da cidade em uma comodidade negociável.

O autor aponta que talvez o fato mais importante seja o deslocamento da população ocorrido em vários países da Europa ocidental, tendo como consequência a espantosa ascensão no índice de crescimento demográfico. Segundo Lefebvre (2002, p. 17), a produção agrícola se converte em setor industrial, submetida às exigências do crescimento econômico (industrialização), estendendo suas consequências ao conjunto dos territórios, regiões, nações e continentes. Nesse sentido, "o *tecido urbano* prolifera, estende-se, corrói os resíduos de vida agrária".

Para Gastal (2006), a máquina (primeiro o trem e depois o automóvel) espalha as cidades por territórios mais amplos, complexificando os espaços a partir das novas velocidades. Envolta nos ideais de lucro e riqueza, a cidade passa a movimentar-se sob o signo da modernidade. Nessa perspectiva, segundo a autora: "O olhar moderno deixa de ver a cidade como unidade, passando a senti-la como palco da simultaneidade e da montagem, aí subentendida a ideia de fragmento" (GASTAL, 2006, p. 67). Nos dizeres de Lefebvre (2002, p. 17): "[...] a grande cidade explodiu, dando lugar a duvidosas excrescências: subúrbios, conjuntos residenciais ou complexos industriais, pequenos aglomerados satélites pouco diferentes de burgos urbanizados".

Ao tratar de vida moderna, Simmel (1967) reflete acerca do contraponto entre o viver na cidade grande e a vida rural. Nesta, onde o ritmo das práticas sociais e a fluidez de imagens mentais decorrem mais lentamente, prevalece a emoção, enquanto no novo modo de vida na metrópole a impessoalidade é a principal característica, dada a extrema racionalização do cotidiano em face dos processos de urbanização.

Com cada atravessar de rua, como ritmo e a multiplicidade da vida econômica, ocupacional e social, a cidade faz um contraste profundo com a vida de cidade pequena e a vida rural, no que se refere aos fundamentos sensoriais da vida psíquica (SIMMEL, 1967, p. 12).

Simmel aponta que a vida moderna urbana oferecia imensas possibilidades de o indivíduo ser muitas coisas ao mesmo tempo, ou seja, "a metrópole conduz ao impulso da existência pessoal mais individual" (SIMMEL, 1967, p. 23).

O trabalho de Jane Jacobs (2000) questiona o desenvolvimento do planejamento e do desenho urbano, classificados pela autora como ortodoxos, nas cidades, e os princípios de reurbanização em contrapartida às questões de natureza socioeconômica. A autora faz análises de algumas cidades dos EUA na década de 1950, como Chicago, Nova York, Los Angeles, dentre outras, comparando os usos dos espaços das ruas com os espaços dos conjuntos habitacionais, onde tudo tem lugar predeterminado. Jacobs afirma que uma rua movimentada consegue garantir mais a segurança das crianças e dos adultos, pela vigília que as pessoas – mesmo que estranhas ou desconhecidas – imprimem aos espaços. Já uma rua deserta ou mesmo nos conjuntos habitacionais, as pessoas são mais suscetíveis à violência, à segregação e à discriminação:

O contato público e a segurança nas ruas, juntos, têm relação direta com o mais grave problema social do nosso país: segregação e discriminação racial. Não estou dizendo que o planejamento e o desenho de uma cidade, ou seus tipos de ruas e de vida urbana, possam vencer automaticamente a segregação e a discriminação. Várias outras iniciativas são imprescindíveis para corrigir essas injustiças. Todavia, afirmo, sim, que urbanizar ou reurbanizar metrópoles cujas ruas sejam inseguras e cuja população deva optar entre partilhar muito ou não partilhar nada pode tornar muito mais difícil para as cidades norte-americanas superar a discriminação, sejam quais forem as iniciativas empreendidas. Levando em consideração a intensidade do preconceito e do medo que acompanham a discriminação e a encorajam, superar a segregação espacial é também muito difícil se as pessoas se sentem de algum modo inseguras nas ruas. É difícil superar a discriminação espacial onde as pessoas não tenham como manter uma vida pública civilizada sobre uma base pública fundamentalmente digna e uma vida privada sobre uma base privada (JACOBS, 2000, p. 57).

Nessa linha de pensamento, Caldeira (2000), ao analisar as metrópoles contemporâneas, destaca que a violência e o medo aí presentes geram novas formas de segregação e discriminação social. Nas últimas décadas, grandes cidades como Buenos Aires, Los Angeles, São Paulo, Budapeste, Cidade do México, dentre outras, têm usado o medo da violência para criar estratégias de proteção e reação. Assim, afirma:

> Em geral, grupos que se sentem ameaçados com a ordem social que toma corpo nessas cidades constroem enclaves fortificados para sua residência, trabalho, lazer e consumo. [...]. Tanto simbólica quanto materialmente, essas estratégias operam de forma semelhante: elas estabelecem diferenças, impõem divisões e distâncias, constroem

separações, multiplicam regras de evitação e exclusão e restringem os movimentos (CALDEIRA, 2000, p. 9).

Para a autora, os enclaves fortificados (espaços privatizados, fechados e monitorados, destinados a residência, lazer, consumo e trabalho) que estão transformando as cidades contemporâneas representam o lado complementar da privatização da segurança e da transformação das concepções de público, atraindo aqueles que "temem a heterogeneidade social dos bairros urbanos mais antigos e preferem abandoná-los para os pobres, 'os marginais', os sem-teto" (CALDEIRA, 2000, p. 12). Para Bauman (2009, p. 46), viver na cidade é uma experiência ambivalente, pois "ela atrai e afasta; mas a situação do citadino torna-se mais complexa porque são exatamente os mesmos aspectos da vida na cidade que atraem e, ao mesmo tempo ou alternadamente, repelem".

No plano da "cultura urbana", segundo Magnani (2002, p. 12), nas grandes metrópoles convivemos a cada dia que passa com a "deterioração dos espaços e equipamentos públicos, com a consequente privatização da vida coletiva, segregação, evitação de contatos, confinamento em ambientes e redes sociais restritos, situações de violência etc.". Nesse aspecto, cabe destacar a seguinte passagem de Simmel (1967):

> Todas as relações emocionais íntimas entre pessoas são fundadas em sua individualidade, ao passo que, nas relações racionais, trabalha-se com o homem como com um número, como um elemento que é em si mesmo indiferente. Apenas a realização objetiva, mensurável, é de interesse (SIMMEL, 1967, p. 13).

De acordo com Lansky, Gouvêa e Gomes (2014, p. 720), podemos apontar que a criança que vive nos centros urbanos "progressivamente tornou-se uma das principais vítimas da segregação socioespacial nas metrópoles modernas, resultando em casos de confinamento e/ou controle excessivo para alguns grupos e marginalização para outros". Nesse aspecto, podemos destacar que a restrição e a privatização dos espaços de circulação das crianças, em especial nas metrópoles brasileiras, sinalizam um empobrecimento da experiência social infantil, o que, de fato, vem mobilizando novas formas de pensar a inserção das crianças nos espaços da cidade.

Ao relacionarmos, cidade, infância e democracia, as reflexões iniciais deste texto apontam-nos a compreender o direito à cidade como um direito coletivo, uma escolha intencional.

1. Direito à cidade e experiências infantis

Na obra de Henri Lefebvre (2001), *O direito à cidade* surgiu como conceito a partir de uma perspectiva contrária à alienação provocada pelas condições de vida do trabalhador, demarcada por espaços regulados e fragmentados. Lefebvre lança críticas aos gestores públicos e aos urbanistas, em uma proposta de inversão da lógica capitalista, incentivando-os a pensar na cidade como um lugar de sociabilidade, de simultaneidades, de imprevisibilidades, de ludicidade e encontros, em que o valor da cidade é o de uso, não de troca:

> O uso (o valor de uso) dos lugares, dos monumentos, das diferenças, escapa às exigências da troca, do valor de troca [...]. Ao mesmo tempo que lugar de encontros, convergência das comunicações e das informações, o urbano se torna aquilo que ele sempre foi: lugar do desejo, desequilíbrio permanente, sede da dissolução das normalidades e coações, momento do lúdico e do imprevisível (LEFEBVRE, 2001, p. 84-85).

Recentemente David Harvey (2008, p. 48), ao propor uma "utopia dialética" da cidade – que condiz com uma perspectiva relacional, ou seja, "ao construir a cidade nos refazemos a nós próprios" –, faz críticas ao sistema neoliberal e suas formas de dominação a partir do poder político-económico. Segundo ele (2008), em consequência da concentração do poder político e económico a uma pequena elite de executivos e financeiros, "as cidades contemporâneas estão mais segregadas, fragmentadas e fraturadas pela riqueza e poder do que jamais estiveram. Esta não é a cidade socialmente justa dos meus sonhos" (p. 47). Diante disso, a cidade não existe mais como um direito coletivo, ou seja, "a cidade transformou-se para dar lugar às engrenagens crescentes das financeiras, dos empresários, dos especuladores e dos usurários" (p. 47).

Em contraposição e como forma de resistência, a tarefa consiste em expandir a esfera de liberdades e de direitos para lá dos limites impostos pelo neoliberalismo.

O direito à cidade é um direito real de reconfigurar a cidade de outra maneira, de a adequar mais às nossas necessidades e desejos coletivos e assim mudar os nossos quotidianos, de redesenharmos as práticas arquitetónicas (por assim dizer), para encontrar uma forma alternativa de podermos continuar a ser simplesmente seres humanos (HARVEY, 2008, p. 49).

A complexidade nas cidades contemporâneas tem condicionado à vida de seus habitantes fenómenos que proporcionam, segundo Sarmento (2018, p. 239), "experiências pobres de fruição cultural"; portanto, na relação entre infância e cidade, surgem obstáculos limitadores de uma plena afirmação dos direitos da criança, sendo eles: a divisão social do espaço, a segregação social e política, as desigualdades sociais, a ausência de políticas de acolhimento dos imigrantes, o aumento do fluxo migratório, a densificação do tráfego de automóveis, a exigência de novos equipamentos públicos e a sua carência ou insuficiência, as políticas predadoras do meio ambiente, a especulação imobiliária, a violência urbana, a dominação do espaço cultural e midiático pelos interesses da indústria cultural, o medo.

Sarmento (2018) aponta, nesse sentido, seis dimensões de restrição da cidadania à infância, sendo elas: (a) Domesticação: o conjunto de atividades de uso do tempo livre pelas crianças no espaço urbano, que são controladas pelos adultos sob o pretexto de proteção das crianças, como, por exemplo: parques infantis, empresas de lazer, dos videogames aos parques de aventura, os serviços de organização de festas de aniversário, as seções dos restaurantes dedicadas às crianças etc.; (b) Institucionalização: expressão com duplo sentido que seria "a constituição da infância como um fato 'social' por efeito da associação às crianças de um conjunto de ideias e concepções normativas" (p. 235) e a colocação das crianças sob a tutela de instituições sociais, tais como: escolas, clubes, ateliês de tempo livre, dentre outros; (c) Insularização: condição de confinamento das crianças em espaços que condicionam experiências fragmentárias na cidade, a partir da circulação entre instituições: da casa para a escola, da escola para outras instituições e destas para casa. "Essa circularidade entre espaços restritos, feita usualmente por transporte público ou privado [...], faz com que as crianças naveguem entre ilhas no oceano urbano" (p. 235); (d) Dualização: refere-se à organização dual do espaço urbano, que oferece às crianças oportunidades desiguais de acesso ao usufruto da experiência propiciada pela cidade: dos espetáculos à frequência de museus, das visitas a bibliotecas, parques, praças etc.; (e) Fragmentação: em que os espaços urbanos emergem como *locus* cheios de interdições, de receios e medos, de destinos indesejados aos lugares de atração e apego, ambientes desejados que incendeiam a imaginação e, frequentemente, inculcam precocemente uma cultura de consumo (p. 236); e, por último, (f) a restrição da autonomia de mobilidade: constitui um dos temas mais significativos e tem sido objeto de múltiplos estudos.

Segundo Sarmento (2018), um dos principais fatores de restrição da autonomia de mobilidade é a automobilização da cidade, na qual o aumento exponencial do automóvel retirou as crianças das ruas, além de outros efeitos como a poluição, ruídos, engarrafamentos, a transformação de parques em estacionamentos, acidentes rodoviários etc. A automobilização da cidade tem efeitos paradoxais, por um lado, permite, teoricamente, percorrer maiores distâncias em menos tempo e menos esforço físico, por outro, diminui o conhecimento efetivo da cidade.

De acordo com Castro (2001), as atividades realizadas por crianças e jovens nas cidades são analisadas de forma bastante negativizada diante dos grandes problemas urbanísticos, como, por exemplo, a violência, os roubos, o caos no trânsito, as pichações, as depredações etc. Paradoxalmente, são, positivamente, destacados enquanto consumidores em potencial. De certa forma, outros espaços, como, por exemplo, os *shoppings centers*, vêm ocupando grande parte do tempo desses sujeitos, destinados a ordenar e homogeneizar suas ações por meio do consumo de produtos que estão na moda (PEREIRA, 2002).

Contraditoriamente, não raro, a participação social das crianças e jovens apresenta-se pouco reconhecida ante os aspectos etários; eles são desconsiderados como atores sociais e, portanto, excluídos do exercício da cidadania e, consequentemente, da construção da sociedade e da cultura (KRAMER, 2001). Castro (2001) contribui à discussão, afirmando que

> [...] a presença das crianças no mundo e na vida social se torna obstacularizada: em primeiro lugar, a cultura contemporânea de

consumo perfaz um isolamento destes sujeitos valorizando identificações "separadas" e "individualizadas"; em segundo lugar, as condições estruturais de inserção da criança no mundo não lhe favorece uma participação mais imediata e legitimada, uma vez que, enclausuradas nos espaços de aprendizagem e proteção, elas são vistas como ainda aguardando uma posição ulterior de participação e responsabilidade (CASTRO, 2001, p. 36).

Além disso, segundo Debortoli, Martins e Martins (2008), no que diz respeito às infâncias e suas práticas no espaço urbano, parece implicar como problemática a (im)possibilidade de experiências no processo de construção social das infâncias. Nesse aspecto, afirmam:

> Evidencia-se ora uma prescrição restritiva universalizando e homogeneizando as infâncias, ora o abandono e o isolamento das crianças, relegando-se a relações próprias aos grupos de pares que, ao mesmo tempo em que abandonam e isolam, multiplicam uma infância fragmentada e privatizada que perde, cada vez mais, o sentido do público e das relações sociais, especialmente no espaço da cidade (DEBORTOLI; MARTINS; MARTINS, 2008, p. 16).

Mesmo diante dessas reflexões, que não raro apontam impossibilidades, invisibilidades, negações às crianças e às infâncias, a cidade apresenta-se também como um relevante tempo e espaço de práticas de sociabilidade entre pares (GOMES; GOUVÊA, 2008) e como recurso e fonte de novas percepções, conhecimentos e afetos (CASTRO, 2001). Concomitantemente, é "um campo de possibilidades" (GUSMÃO, 2015, p. 21), no qual a experiência da e na cidade "constitui um dos aspectos primordiais na constituição do sujeito no contemporâneo, enquanto experiência que possibilita diferentes formas de convivência e alterização" (CASTRO, 2001, p. 39).

Nessa linha de pensamento, Sarmento (2018, p. 233) destaca que o cenário acima descrito "não é inelutável" e as cidades não possuem apenas fatores de restrição e privação dos direitos da cidadania da infância: "Elas são, também, pelas suas características espaciais e relacionais, contextos possíveis de potenciação dos direitos das crianças".

Dessa maneira, o que determina a possibilidade de potenciação da cidadania "é o desenvolvimento de políticas urbanas que permitam a concretização do reconhecimento e da participação das crianças", ou seja, a construção de práticas democráticas dos usos e apropriações dos espaços da cidade (SARMENTO, 2018, p. 236).

2. Infância(s) e cidade: práticas democráticas de uso do espaço da cidade

Algumas cidades, por meio da sociedade civil, de ONGs e de políticas públicas, têm problematizado as formas de viver nos grandes centros, principalmente no que se refere aos aspectos da mobilidade de crianças e adultos e suas restrições. Projetos como Cidade Amiga das Crianças (UNICEF, 2004) e Cidade das Crianças (TONUCCI, 2016), que serão citados mais à frente, apontam sugestões e ações que potencializam a presença das crianças na cidade e, pelo esforço do poder público, vêm redesenhando o espaço urbano, tornando-o mais inclusivo, com a preocupação de possibilitar o aumento da circulação de crianças nos espaços públicos, realizando modificações estruturais nas cidades – restrição da velocidade de carros em vias públicas, incentivo a diferentes formas de mobilidade, aumento da largura dos passeios, mobilidade solidária entre adultos e crianças, renovação de parques e praças, entre outras.

Para Sarmento (2018), políticas orientadas para o bem-estar das crianças e para a cidadania podem potencializar a participação cidadã, a partir dos seguintes fatores: (a) Personalização: é quando se atribui ao espaço um valor simbólico, sendo que as crianças "investem de emoção e significado os espaços que habitam, transformando-os em *lugares*, no sentido em que lhe atribuem um valor próprio, repleto de memórias, sentimentos e significações íntimas" (p. 237); (b) *Affordance*: sem tradução clara para o português, seriam as propriedades dos objetos ou contexto que podem ser apropriadas e percebidas pelo sujeito, "útil para se compreender esse aspecto de vínculo da criança com o espaço urbano". Nesse sentido, quanto maior a mobilidade das crianças pela cidade, mais positivos são os *affordances* (p. 237); (c) Experiência: No sentido benjaminiano do termo, "a riqueza da experiência está na capacidade humana de se relacionar com o real, aprendendo-o e expondo-o por meio da linguagem e, nesse ato, incorporando o conhecimento historicamente sedimentado com a assimilação do novo" (p. 238). Nesse sentido, a cidade como espaço público e patrimônio coletivo, material e imaterial, pode ser "o local da experiência infantil, pela potenciação das formas de descoberta e conhecimento que propicie" (p. 238); (d) Intergeracionalidade: contrária a uma ideia de guetificação dos diferentes grupos sociais, é a possibilidade de interações intergeracionais proporcionadas a partir da adoção de políticas públicas urbanas – redesenho urbanístico das ruas, praças e parques, a criação de zonas livre de automóveis e a contínua abertura para negociação da vida em comum na cidade – que garantam a abertura da cidade à participação de todos; (e) Participação: constitui um dos aspectos mais relevantes no reconhecimento da cidadania das crianças, nomeadamente, no espaço urbano, e mesmo de crianças afastadas da ação política direta, que não deixam de ter opiniões e propostas para a vida na cidade. Nesse sentido, as políticas serão mais adequadas quando se orientarem para a construção de contextos de participação de todos os grupos geracionais; por fim,

(f) Urbanidade: é "o sentido de uma participação na comunidade, a preocupação com seu presente e com seu futuro, e empenho em relações recíprocas de convivialidade e sustentabilidade" (p. 239).

Tonucci (2016), ao dizer sobre o direito da criança à cidade, nos provoca a pensar em uma cidade para todos, colocando as crianças como protagonistas de sua (re)construção cotidiana:

> Isso significa ocupar-se de todos e não de um alguém. Essa foi a escolha ao dedicar o meu trabalho às crianças. Eu não quero uma cidade infantil, uma cidade pequena. Não quero uma cidade montessoriana. Quero uma cidade para todos. E para estar seguro de que não esquecerei ninguém, escolho o mais novo (TONUCCI, 2016, n.p).

O mesmo autor destaca que algumas cidades vêm assumindo o projeto "a cidade das crianças", no qual a concepção de cidade passa a se transformar e ser mudada a partir da participação das crianças, e os adultos seriam ajudados a reconhecer as necessidades e direitos delas.

> Trabalhamos com crianças bem pequenas, que expressam de forma muito simples suas necessidades mais fundamentais. Nesse diálogo, acredito que um bom administrador pode encontrar força para colocar-se ao lado de todos os cidadãos, sem perder ninguém. É uma escolha de valor, porque as crianças levam consigo um conflito. E a cada proposta que fazem, abrem um conflito com os adultos (TONUCCI, 2016, n.p).

Essa perspectiva de participação das crianças nos aspectos decisórios da cidade está presente – como direito consagrado na Convenção sobre os Direitos da Criança (1989) – por meio de iniciativas como "Cidades Amigas das Crianças" (UNICEF, 2004).

Uma cidade amiga da criança tem por objetivo garantir que sejam respeitados os direitos da criança a serviços essenciais de saúde, educação, abrigo, água limpa e instalações sanitárias decentes, e proteção contra a violência, abusos e exploração. Busca também aumentar o poder de cidadãos jovens para que possam tomar parte nas decisões sobre sua cidade, expressar sua opinião sobre a cidade em que vive e participar da vida familiar, comunitária e social. Promove os direitos da criança a andar sozinha nas ruas com segurança, encontrar amigos e brincar, viver em um ambiente não poluído, com espaços verdes, participar de eventos culturais e sociais e exercer sua cidadania em condições de igualdade em sua cidade, com acesso a todos os serviços, sem sofrer qualquer tipo de discriminação (UNICEF, 2004, n.p).

Nos últimos anos, estudos têm dado conta de questionar e problematizar a posição atribuída às crianças e aos jovens de incapacidade social, política e cultural; posição essa que viabiliza a exclusão desses sujeitos da participação plena na vida social (CASTRO, 2001; KRAMER, 2008; ARAÚJO, 2018; SARMENTO, 2018). O sociólogo britânico Alan Prout (2010) destaca a necessidade de os pesquisadores e cientistas sociais manterem a reflexão acerca do significado de participação das crianças, pois precisamos aprender muito sobre as formas de permitir que elas falem por si próprias e de sua maneira. De acordo com Araújo (2018),

> a busca por reconhecimento político da criança na cidade não deixa de ser uma demonstração do quanto, em um projeto de cidade, a criança foi esquecida ou quanto nos colocamos como representantes legítimos de seus interesses e expectativas (ARAÚJO, 2018, p. 209).

A participação das crianças é um assunto de destaque na retórica, mas, não raro, pouco acentuada na aplicação prática, nos diz Prout (2010). Baseado nos estudos de Pia Christensen (1994), o autor afirma que não existe um relacionamento recíproco entre a participação política das crianças, que é sua cidadania, e sua representação no discurso social e cultural, apontando, nessa conjuntura, a necessidade de uma reavaliação da exclusão e do isolamento das crianças da vida pública e uma reconsideração dos estereótipos rotineiros e inúteis sobre as crianças que predominam no imaginário social (PROUT, 2010).

Um aspecto importante a ser destacado é que o corpo de conhecimento produzido nos últimos anos acerca das temáticas "infância" e "cidade", principalmente nos campos da Sociologia da Infância, da Antropologia da Criança, da Geografia da Infância, da Educação e de pesquisas etnográficas que enfatizam a escuta e diferentes participações das crianças, tem encontrado ecos nas políticas públicas.

Embora nos países europeus tal aspecto mostre-se mais presente, em outros contextos vem-se buscando legitimar a participação das crianças na formulação de políticas que dialoguem com a perspectiva de "uma cidade para todos" (TONUCCI, 2016, n.p). Como exemplos, podemos citar a cidade de Fano, na Itália, e também Pontevedra, no Norte da Espanha, na Galícia, em que foram criadas instâncias de participação das crianças nas decisões sobre planejamento urbano (TONUCCI, 2016, n.p).

No contexto da América do Sul podemos citar o exemplo da cidade de Rosário, na Argentina, onde, tendo como perspectiva o conceito de "cidade educadora", parques e praças foram reformados/reconstruídos a partir do olhar das crianças, nos chamados *Consejos de Niños*. No Brasil temos algumas experiências que merecem atenção acerca da inserção e da participação social de crianças nos destinos da cidade, em especial, a partir do conceito de "cidade educadora", a destacar: ONG Cidade Escola Aprendiz, que utiliza de forma integrada escolas, praças, parques, igrejas, clubes etc. como espaços educativos para além do tempo-espaço escolar. Essa experiência foi adotada, em um primeiro momento, no bairro de Vila Madalena, em São Paulo, e posteriormente em Nova Iguaçu, no estado do Rio de Janeiro, e no programa Escola Integrada da Rede Municipal de Belo Horizonte. Contudo, muitas ações ainda são pontuais e/ou isoladas, sendo a criança e as experiências de infâncias no contexto das cidades temas poucos presentes entre arquitetos, urbanistas e projetos de políticas públicas.

É bastante claro que os conceitos de criança, jovem e de político não precisam de significados estabelecidos e generalizáveis, mas é importante reconhecer que o político é inseparável da vida urbana e que crianças e jovens são uma parte inseparável dela (AIKTEN, 2014, p. 694).

Considerações finais

As reflexões postas neste texto ressaltam algumas das condições necessárias para se potencializar as experiências das crianças com a cidade, em articulação com as políticas públicas e a produção do conhecimento acerca dessa temática. A incorporação de espaços e equipamentos públicos em perspectiva democrática de uso e apropriação da cidade requer uma lógica participativa, capaz de dialogar com as linguagens das crianças, com seus interesses, e, ao mesmo tempo, romper com uma pedagogia transmissiva e propedêutica. Requer compreender a cidade como *pólis* – lugar destinado ao debate e ao uso da palavra no exercício da cidadania.

É nesse contexto que conhecer e explorar a cidade configuram-se como direitos fundamentais para integrar as crianças ao mundo e à cultura da qual pertencem e participam. Desse modo, necessitamos produzir processos de vinculação a partir das experiências reais no contexto da cidade, instituindo políticas de mudança. Se às crianças está sendo negado o direito à cidade, isso também é decorrência da falta de oportunidades de conhecer e de vivenciar os espaços públicos e democratizar seus acessos e usos. Assim, necessitam-se emergir outras experiências de exploração da cidade, com a (re)formulação de políticas públicas mais participativas e a (re)construção de espaços públicos e de equipamentos culturais dirigidos às crianças, escutando-as.

São inúmeros os desafios para assegurar às crianças o direito à cidade, os quais exigem o fortalecimento das redes que conectam as crianças aos espaços urbanos. Nesse sentido, a existência de políticas públicas que articulem diferentes áreas sociais, como lazer, educação, cultura, saúde, esportes, assistência social, dentre outras, é imprescindível para assegurar o direito das crianças à cidade.

Referências

AIKTEN, Stuart. Do apagamento à revolução: o direito da criança à cidadania/direito à cidade. *Educação & Sociedade*, Campinas, v. 35, n. 128, p. 675-697, 2014.

ARAÚJO, Vania Carvalho de. Pensar a cidade, as crianças e sua educação. *Educação*, UFSM, v. 43, n. 2, abr./jun. 2018.

BAUMAN, Zygmunt. *Confiança e medo na cidade*. Rio de Janeiro: Zahar, 2009.

CASTRO, Lúcia Rabelo. Da invisibilidade à ação: crianças e jovens na construção da cultura. In: CASTRO, Lúcia Rabelo (Org.) *Crianças e jovens na construção da cultura*. Rio de Janeiro: NAU/FAPERJ, 2001. p. 19-46.

CALDEIRA, Teresa P. do Rio. *Cidade de muros*: crime, segregação e cidadania em São Paulo. São Paulo: 34/Edusp, 2000.

CHARNEY, Leo; SCHWARTZ, Vanessa. *O cinema e a invenção da vida moderna*. São Paulo: Cosaf e Naify, 2004.

DEBORTOLI, José Alfredo Oliveira; MARTINS, Maria de Fátima; MARTINS, Sérgio (Org.). *Infâncias na metrópole*. Belo Horizonte: Ed. UFMG, 2008.

GASTAL, Susana. *Alegorias urbanas*: o passado como subterfúgio – Tempo, espaço e visualidade na pós-modernidade. Campinas, São Paulo: Papirus, 2006.

GOMES, Ana Maria Rabelo; GOUVÊA, Maria Cristina Soares de. A criança e a cidade: entre a sedução e o perigo. In: DEBORTOLI, José Alfredo; MARTINS, Mariana Ferreira A.; MARTINS, S. (Org.). *Infâncias na metrópole*. Belo Horizonte: Ed. UFMG, 2008. p. 47-69.

GUSMÃO, Neusa Maria Mendes. Antropologia e educação: um campo e muitos caminhos. *Linhas Críticas*, Brasília, DF, v. 21, n. 44, p. 19-37, jan./abr. 2015.

HARVEY, David. *Utopías dialécticas*: educación y vida urbana – 20 años de Ciudades Educadoras, 2008. p. 45-52.

HARVEY, David. O direito à cidade. *Revista Piauí*, n. 82, 2013. Disponível em: https://piaui.folha.uol.com.br/materia/o-direito-a-cidade/. Acesso em: 16 mar. 2022.

IBGE – Instituto Brasileiro de Geografia e Estatística. *Pesquisa Nacional por Amostra de Domicílios* – PNAD, 2015. Disponível em: https://www.ibge.gov.br/estatisticas/sociais/trabalho/9127-pesquisa-nacional-por-amostra-de-domicilios.html?=&t=destaques. Acesso em: 10 mar. 2022.

JACOBS, J. *Morte e vida de grandes cidades*. São Paulo: Martins Fontes, 2000 [1961].

KRAMER, Sônia. Crianças e adultos em diferentes contextos: desafios de um percurso de pesquisa sobre infância, cultura e formação. In: SARMENTO, Manuel; GOUVÊA, Maria Cristina Soares de (Org.). *Estudos da infância*: educação e práticas sociais. 1. ed. Petrópolis: Vozes, 2008. v. 1, p. 163-189.

KRAMER, Sônia. Infância, cultura contemporânea e educação contra a barbárie. *Teias*, Rio de Janeiro, v. 1, n. 2, p. 1-14, 2001.

LANSKY, Samy; GOUVÊA, Maria Cristina Soares; GOMES, Ana Maria. Cartografias da infância em região de fronteiras em Belo Horizonte. *Educação & Sociedade*, Campinas, v. 35, n. 128, p. 629-996, jul.-set., 2014.

LEFEBRVE, Henri. *A revolução urbana*. Belo Horizonte: Ed. UFMG, 2002.

LEFEBVRE, Henri. *O direito à cidade*. 2. ed. São Paulo: Moraes, 2001.

MAGNANI, José Guilherme Cantor. De perto e de dentro: notas para uma etnografia urbana. *Revista Brasileira de Ciências Sociais*, v. 17, n. 49, p. 11-29, 2002.

MÜLLER, Fernanda; NUNES, Brasilmar Ferreira. Infância e cidade: um campo de estudo em desenvolvimento. *Educação & Sociedade*, Campinas, v. 35, p. 659-674, 2014.

MUMFORD, Lewis. *A cidade na história*. Belo Horizonte: Itatiaia, 1965. v. 2.

PEREIRA, Rita Maria Ribes. Pesquisa com crianças. In: PEREIRA, Rita Marisa Ribes; MACEDO, Nélia Mara R. (Org.). *Infância em pesquisa*. Rio de Janeiro: NAU, 2012. p. 59-86.

PEREIRA, Rita Maria Ribes. Tudo ao mesmo tempo agora! Considerações sobre a infância no presente. In: GONDRA, José Gonçalves (Org.). *História, infância e escolarização*. Rio de Janeiro: Sette Letras, 2002. v. 1, p. 131-148.

PROUT, Alan. Participação, políticas e as condições da infância e mudança. In: MÜLLER, Fernanda (Org.). *Infância em perspectiva*: políticas, pesquisas e instituições. São Paulo: Cortez, 2010. p. 21-40.

SARMENTO, Manuel Jacinto. Infância e cidade: restrições e possibilidades. *Educação*, Porto Alegre, v. 41, n. 2, p. 232-240, maio/ago. 2018.

SIMMEL, Georg. A metrópole e a vida mental (1902). In: VELHO, Guilherme Otávio (Org.). *O fenômeno urbano*. Rio de Janeiro: Zahar, 1967.

TONUCCI, Francesco. *A criança como paradigma de uma cidade para todos*. Entrevista cedida ao Portal Aprendiz, em 21 de setembro de 2016. Disponível em: http://cidadeseducadoras.org.br/reportagens/francesco-tonucci-a-crianca-como-paradigma-de-uma-cidade-para-todos/. Acesso em: 10 mar. 2022.

UNICEF. *Situação mundial da infância 2019*: crianças em um mundo urbano. 2020. Disponível em: https://www.unicef.org/brazil/media/5566/file/Situacao_Mundial_da_Infancia_2019_ResumoExecutivo.pdf. Acesso em: 15 abr. 2022.

UNICEF. *Cidades amigas da criança*: uma iniciativa internacional que promove a participação da criança nos governos locais. 2004. Disponível em: https://www.unicef.pt/o-que-fazemos/o-nosso-trabalho-em-portugal/programa-cidades-amigas-das-criancas/. Acesso em: 15 abr. 2022.

CAPÍTULO 7

Condições para reconhecimento dos Direitos da Natureza pelo Direito: considerações preliminares

Mariza Rios

Introdução

A preocupação com a ecologia e com a natureza, no campo do Direito, ocupa a agenda da produção científica, mesmo antes da formalização do Direito Ambiental, nos idos de 1972, tendo como ponto nevrálgico do debate o crescimento do *déficit* da crise ambiental. Nesse contexto, cuidou o Direito de uma produção normativa e doutrinária estupenda, fundada em um conjunto principiológico cuja espinha dorsal é a dignidade humana da presente e das futuras gerações.

Nessa paisagem, mesmo de forma tímida, abafada pela razão ocidental antropocêntrica, outra razão marcada pela resistência dos povos tradicionais, na América Latina representada pelos indígenas e quilombolas, persistiu a ponto de dar origem a um debate na construção de outra lógica, a ecocêntrica, cujo marco principal é a "ecologia integral". Sobre a ecologia, Diogo de Figueiredo Moreira Neto (1975, p. 15) pontua que é o "estudo das relações dos seres vivos com o ambiente [...] da maior importância para todas as nações da Terra".

No campo da principiologia norteadora da construção de instrumentos capazes de dar conta da crise ambiental, Hans Jonas (1979), em um diálogo filosófico, apresenta o princípio da responsabilidade diretamente conectado com a ética que se realiza no presente, como parte do futuro em uma dinâmica de abertura a novas possiblidades no agora e no futuro. A meu juízo, essa ideia de presente ocupa o lugar antecipador do futuro a ponto de ser capaz de uma mudança de rota, aberta a descobrir outras razões para além do antropocentrismo.

Incomodado com a resultado assustador do esforço do Direito Ambiental em sua impossibilidade de negativar a crise ambiental, Enrique Leff, focado no problema da sustentabilidade do desenvolvimento, reconhece que "as estratégias de resistência a mudança da ordem econômica foram dissolvendo o potencial crítico e transformador das práticas de desenvolvimento" (LEFF, 2008, p. 18). Nesse contexto, dedica-se o autor à construção de um conceito de sustentabilidade ecológica que possa dar conta da reconstrução da ordem econômica, a qual se apresenta como condição para sobrevivência da própria humanidade (LEFF, 2008, p. 18). Aposta na ideia de que é possível um novo saber ambiental capaz de impactar positivamente a crise ambiental sem precedentes que vivemos. Alberto Acosta (2016) enfrenta o tema dos "Direitos da Natureza" trazendo ao debate a histórica experiência das comunidades indígenas, cujo resultado culminou na formalização do reconhecimento desses direitos na Constituição do Equador, em 2008, da Bolívia, em 2009 e do Chile, em 2022.

Todo esse esforço tem em comum a ideia de que, recuperando e, por consequência, incorporando ao texto constitucional a garantia de que a natureza é portadora de direitos intrínsecos, se tem como resultado o fortalecimento da proteção do meio ambiente em sua relação com a humanidade. A nosso ver, não significa dizer, até aqui, que se vislumbra uma alternativa paradigmática que tenha força na constituição da substituição da hierarquia pela harmonização, da ideia de que a humanidade é sujeita de direitos e a natureza não passa de objeto.

Então nos perguntamos sobre a possibilidade de afirmar ser a natureza portadora de direitos intrínsecos no campo de Direito e, por isso, nos propusemos a compartilhar nossa compreensão sobre o debate utilizando metodologia do tipo qualitativa, a partir da paisagem das experiências das populações tradicionais, nomeadamente no campo do Direito nacional. Para tanto, apresentamos duas hipóteses, aspectos do debate, norteadoras de nossa percepção. A primeira foca na importância da resistente contribuição das populações tradicionais na formulação e no reconhecimento dos Direitos da Natureza e, a segunda, trata de pensar alternativas ao antropocentrismo jurídico.

1. Importância da contribuição das populações tradicionais na construção dos Direitos da Natureza

Muitos são os pesquisadores que se debruçaram sobre as contradições da modernidade no processo de construção e afirmação da visão atual de conhecer e promover uma ordem ecologicamente sustentável duradoura. Nesse sentido, Boaventura de Sousa Santos (2000) e Zygmunt Bauman (2000) nos oferecem contribuições importantes. Para o primeiro, os pilares do modo de conhecer – lógica liberal – produzem um conhecimento aprisionado pela ideia de que o mundo tem uma única maneira de existir e de se desenvolver – lógica do mercado – e que, portanto, o desenvolvimento requer a aceitação de que o progresso econômico sempre ocupará o fio condutor de todas as possibilidades. O segundo vem agregar a essa crítica chamando a atenção para o consumo, afirmando que, nesse contexto, coube à humanidade o lugar de consumidora e, sendo assim, produto do próprio mercado. Nessa paisagem, Santos sintetiza relembrando que a lógica moderna a pauta por um conhecimento/regulação que tem sempre a primazia sobre o conhecimento/emancipação. Assim, é o poder econômico que controla a própria regulação e, para fazer isso, é preciso ocultar o conhecimento/emancipação. Portanto, propõe o autor, alargar a emancipação se transforma em desafio importante que, a nosso ver, vai impactar diretamente na construção da racionalidade ecológica.

Essa crítica à modernidade iluminou o primeiro ensaio do GT dos Direitos da Natureza,[1] formado em 2020, que deu origem à obra *Direitos da Natureza: marcos para a construção de uma Teoria Geral*, na qual os autores reconhecem que, se por um lado essa lógica moderna, criticada com maestria por Santos (2000) e Bauman (2000), pelo conhecimento/regulação, traz em sua essência um processo de exclusão social sem precedente, condenando ao desaparecimento seres humanos e não humanos, com destaque surpreendente para a população tradicional possuidora de uma lógica milenar de conhecimento, que tem por essência a compreensão de que a natureza fala, é portadora de direitos e que, portanto, a humanidade é parte da natureza e não possui nenhuma superioridade sobre a Mãe Terra, a *Pachamama*, a Gaia. Ao contrário, a humanidade precisa da natureza para sobreviver.

Para o GT Jurídico (2020, p. 17), a racionalidade proposta por Santos (2000) sobre uma nova lógica do saber protagonizada pelas

---

[1] Grupo de Trabalho Jurídico autogestionado, derivado da "Articulação Nacional pelos Direitos da Natureza – Mãe Terra", que teve origem no Fórum Socioambiental de Mudanças Climáticas, em 2020.

comunidades tradicionais "aponta para a compreensão de que, ao contrário do que objetivava a modernidade, temos o ressurgimento de uma lógica de saber e conhecer pela experiência comunitária construída pelo oposto da modernidade [...] e a dicotomia entre sujeito objeto, entre natureza e cultura" perde seu significado e indica um saber firmado nos princípios pontuados por Santos a respeito da prudência e da decência (vida decente). Aqui está o primeiro desafio para o reconhecimento dos direitos da natureza pelo Direito.

O sustentáculo desse saber comunitário é enfrentado por um prazeroso debate no âmbito do novo constitucionalismo latino-americano e no âmbito, mesmo que ainda de forma tímida, do Direito Ambiental. Os dois espaços compartilham a mesma compreensão de que estamos diante de uma problemática, desde a última década do século XX, que tem movimentado o debate científico em torno do modelo de desenvolvimento socioeconômico sustentável, cujo cerne está imbricado em uma crise de racionalidade que tem dado conta de levar a cabo o princípio básico – desenvolvimento sustentável proclamado na construção legislativa e científica, nomeadamente, do Direito Ambiental.

Sobre esse debate, racionalidades antropocêntrica e ecológica, reconhece Leff (2008, p. 25) se tratar de uma leitura antropocêntrica do desenvolvimento sustentável, pautada em um modelo de crescimento pelo livre mercado no qual a "estratégia discursiva da globalização gera uma metástase do pensamento crítico, dissolvendo a contradição, a oposição e a alteridade, a diferença e a alternativa para oferecer-nos em seus excrementos retóricos uma revisão do mundo como expressão do capital".

Isso tem como resultado, segundo o mesmo autor, uma simplificação dos processos naturais, acoplados a uma destruição das "identidades culturais para assimilá-las a uma lógica, a uma razão, a uma estratégia de poder para a apropriação da natureza como meio de produção e fonte de riqueza" (LEFF, 2008, p. 25). O que contrasta com o cerne da razão ecológica, que parte da recuperação do conteúdo cultural historicamente presente na experiência das comunidades tradicionais. Na lógica ecológica, a natureza não é tratada como objeto, como produto mercadológico, mas como sujeito de direitos intrínsecos que se complementam aos direitos da humanidade.

Para concluir sua crítica à ideia de sustentabilidade antropocêntrica, Leff (2008, p. 28) denuncia que temos, na verdade, "uma operação simbólica do discurso do desenvolvimento sustentável que funciona como uma ideologia para legitimar as novas formas de apropriação da natureza", as quais acabam se opondo aos direitos tradicionais. Ou seja, tem-se uma construção simbólica de sustentabilidade focada na crença de que natureza é objeto do mercado e, portanto, pode ser modificada ao prazer da razão mercadológica, sem nenhum compromisso com a preservação da vida do planeta.

Olhando a mesma realidade com os óculos da tradicionalidade e da interculturalidade é que o movimento de afirmação de um novo constitucionalismo latino-americano vem oferecendo percepções originais sobre os direitos da natureza. Um dos princípios básicos norteadores do novo constitucionalismo em construção é o reconhecimento de que a colonização latino-americana, em todo seu percurso, só foi possível porque, na visão antropocêntrica, tem-se a permissão da expulsão das culturas, modo de vida e maneira de se relacionar com a natureza das comunidades tradicionais, cujo resultado não é outro senão um "genocídio cultural". Disso não se tem dúvida.

Nesse contexto é que a visão ecológica chama a atenção para a dimensão do pluralismo jurídico, que reconhece a necessidade de materialização da democracia participativa comunitária, na qual os valores multiculturais são trazidos ao debate. Boaventura de Sousa Santos (2003, p. 23), discutindo sobre o significado do multiculturalismo, afirma que se tem a "coexistência de formas culturais ou de grupos caracterizados por culturas diferentes no seio da sociedade". Mais adiante – falando de uma visão que chamou de "emancipatória" – acentua que a visão emancipatória tem seu cerne no reconhecimento do direito a ser diferente e que as diferenças convivem harmonicamente em um mesmo espaço social. Então, a partir desses dois princípios básicos – reconhecimento do genocídio cultural e direito à diferença – podemos falar de um Direito que tem condições de entender ser a natureza sujeito de direitos intrínsecos. Sim, porque as culturas eliminadas nos processos de colonização e, portanto, da construção do Direito não fazem a separação entre natureza objeto e seres humanos portadores de direitos.

No campo do Direito Ambiental, José Afonso da Silva defende a importância da tutela do meio ambiente profundamente degradado pela crise ambiental, causada pelo desmatamento, pela poluição, pela devastação do solo, e chama a atenção para a importância da consciência ecológica; nesse contexto, clama por uma proteção jurídica capaz de promover o equilíbrio ecológico, que somente pode ser ecológico se compreendermos a sustentabilidade como resultado da

> erradicação da pobreza (CF, art. 3º), de forma a reduzir as disparidades nos padrões de vida e melhor atendimento da maioria da população. Se o desenvolvimento não elimina a pobreza absoluta, não propicia um nível de vida que satisfaça as necessidades essenciais da população em geral, ele não pode ser qualificado como sustentável (SILVA, 2019, p. 28).

Portanto, tem-se aqui uma visão, uma lógica de vinculação da qualidade de vida, que se pode chamar de "sustentável". Isso contrasta com o antropocentrismo, cujo cerne é o crescimento do mercado sem nenhuma vinculação com a qualidade de vida nem da humanidade e muito menos da natureza. Essa vinculação é perfeitamente vivida pelas comunidades tradicionais.

Assim, a nosso juízo, temos duas condições para afirmar que é possível o Direito reconhecer a natureza portadora de direitos intrínsecos. A primeira está no reconhecimento, pelo Direito, da necessidade de *decolonização do saber jurídico tradicional* sobre o processo de colonização latino-americano. Por consequência, a aceitação de que, na verdade, se construiu um Direito antropocêntrico cujo resultado foi um genocídio da população tradicional, a qual, sem sombra de dúvidas, é memória viva de que entre a humanidade e a natureza não se tem hierarquia e, mais, que a condição para salvar o planeta está em sua experiência.

E a segunda condição é pela abertura de um processo de *diálogo científico e prático* que reconheça ser a população tradicional portadora de um saber que vai além de sua organização social interna; é uma proposta cuja possibilidade de realização está no confronto entre

> a lógica do capital e um conjunto de práticas e valores sociais articuladores de ordens materiais que organizam processos sociais, regras, meios e fins construídos de forma democrática que têm como resultado o que denominou o autor de "racionalidade ambiental" (LEFF, 2008, p. 135).

Isso requer a aceitação do Direito de fazer parte desse diálogo sem exigências hierárquicas, em que o resultado do saber científico está na articulação dos saberes sobre a realidade e, consequentemente, sobre alternativas democráticas de um novo saber ambiental: a racionalidade ambiental. Assim, toda a metodologia está direcionada a garantir o diálogo e seu resultado sem nenhuma superioridade de um sobre o outro. Nesse sentido, cabe ao Direito, instrumento de realização e garantia dos direitos – da humanidade e natureza –, levar a cabo o resultado dessa construção coletiva, cujo fim é chegar a uma nova ordem social que dê conta de impactar positivamente a relação homem e natureza, sob o olhar da harmonização e da complementaridade.

Dessa maneira, pode-se afirmar que o Direito é capaz de reconhecer os direitos da natureza como fruto do processo de um diálogo do saber científico e prático, que tem como exigência principal a decolonização do saber jurídico tradicional.

A função da racionalidade ambiental tem como preocupação orientar a transição para um desenvolvimento ecologicamente sustentável. Isso, na visão de Leff,

> requer a mobilização de um conjunto de processos sociais: a formação de uma consciência ecológica; o planejamento transetorial da administração pública; e a participação da sociedade na gestão dos recursos ambientais; a organização interdisciplinar do saber, tanto na produção quanto na aplicação do conhecimento (LEFF, 2008, p. 135).

2. Alternativas ao antropocentrismo jurídico

No campo do Direito, nomeadamente do Direito Constitucional e Ambiental, vem sendo construído um esforço para solucionar essa crise ambiental que está oculta na maneira como se compreende a relação homem/natureza. O antropocentrismo, pela própria origem, sustentação teórica e prática, não dará conta dessa tarefa. Aqui temos pelo menos dois caminhos que, a nosso ver, se complementam, que buscam chegar ao mesmo lugar. O primeiro acredita ser o Direito antropocêntrico capaz de reconhecer formalmente os Direitos da

Natureza e, assim, se constituir em uma ferramenta socioeconômica de luta jurídica e política em defesa da natureza.

Nessa seara, tem-se o reconhecimento dos Direitos da Natureza nas Constituições do Equador, em 2008, da Bolívia, em 2009 e do Chile, em 2022; no âmbito municipal, tem-se o reconhecimento pela Lei Orgânica (Constituição municipal) do município de Bonito, em Pernambuco, em 2017, de Paudalho, também em Pernambuco, em 2018, e de Florianópolis, em 2019. Essa compreensão vem impactando, paulatinamente, o campo judicial, que tem produzido decisões de importância ímpar, como o caso da Corte colombiana, em 2018, que declara ser a Amazônia colombiana sujeito de direitos (LACERDA, 2020), e, portanto, gerado obrigação ao Estado de proteção e promoção de iniciativas públicas que possam garantir e preservar os Direitos da Natureza.

No campo da reforma constitucional, no caso do Chile, em março de 2022, observa-se uma percepção principiológica da interdependência entre humanidade e natureza, e da obrigação econômica do Estado em sua tarefa de proteção dessa interdependência. O artigo 9º da reforma de março de 2022 traz o reconhecimento de que: "Indivíduos e povos são interdependentes da natureza e formam, com ela, um todo inseparável" (ACOSTA, 2022) e, para que essa declaração seja realizada, reafirma a obrigação pública de "protegê-los e respeitá-los", de forma que se busque fazer essa tarefa através de uma gestão ecológica mediante a educação ambiental e científica. Inovação textual iluminada pelas experiências do Equador e da Bolívia.

Nesse sentido, o foco do atrelamento da economia e da gestão pública, conectado com a obrigação da formação teórica e prática, ensino do Direito Ambiental, ganha outra perspectiva, cuja tarefa é pensar em que medida o ensino do Direito Ambiental pode fortalecer a construção de outro paradigma, razão ecocêntrica ou racionalidade socioambiental. Essa, como muito bem afirma Leff, requer repensar o poder de saber, de conhecer e de participar da decisão por um processo democrático sem hierarquia, aberto a complementaridades, a alternativas teóricas e práticas do Direito. Isso exige o conhecimento científico e a abertura de um diálogo com os conhecimentos e práticas da tradicionalidade, em relação a sua convivência com a natureza, com a Mãe Terra, a *Pachamama*, a Gaia. Uma alternativa que vem sendo explorada, no campo do Direito Constitucional Ambiental, é uma releitura da dignidade humana garantida em todos os textos constitucionais modernos, e sua solidariedade com as futuras gerações.

O Direito Ambiental visa recuperar e proteger os bens ambientais para que a humanidade tenha, em sua dignidade, qualidade de vida. Nesse sentido, para José Afonso da Silva (2019), a ideia central é a qualidade dos bens da natureza, por exemplo, a água e a flora em um processo de conciliação dos valores, ambiente e equilíbrio ecológico. Dessa maneira, afirma o autor que a "conciliação dos dois valores consiste [...] na promoção do chamado desenvolvimento sustentável, que consiste na exploração equilibrada dos recursos naturais, nos limites da satisfação das necessidades e do bem-estar da presente geração, assim como de sua conservação no interesse das gerações futuras" (SILVA, 2019, p. 27).

Na mesma linha, comentando sobre o princípio da dignidade humana, nos termos do artigo 1º, inciso III, da Constituição Federal, Ingo Wolfgang Sarlet e Tiago Fensterseifer compreendem que a "dignidade humana, para além de ser um valor constitucional [...] não poderá ser restringida a uma dimensão puramente biológica ou física, pois contempla a qualidade de vida como um todo [...] inclusive do ambiente em que a vida humana se desenvolve", conferindo, assim, "uma interação entre a dimensão natural e biológica da dignidade humana e a sua dimensão ecológica" (2017, p. 63). Em síntese, concordam os autores que a dimensão ecológica amplia o conteúdo da dignidade humana, assegurando proteção de um padrão de qualidade e equilíbrio ambiental.

Contudo, essa ampliação não se distancia da ideia clássica de que portador de dignidade é somente a humanidade. Dizendo de outra maneira, falar de dignidade da pessoa humana difere da ideia do que seria falar de dignidades, porque o acento na pessoa humana – reconhecidamente pertinente, não resta dúvida – acaba por excluir outros seres da natureza, por exemplo, os rios, as matas, os mananciais e o próprio planeta. Essa diferenciação – humanidade e natureza – foca na ideia de que natureza é objeto, o que não coaduna com a principiologia da harmonização, integralidade e reciprocidade humanidade e natureza.

Aqui, a nosso ver, surge uma janela de diálogo entre Direito Ambiental e Direitos da Natureza. As duas principiologias têm como cerne a ideia de que a natureza precisa ser preservada, aqui e agora, para que as futuras gerações, o planeta, o universo, a Terra e a humanidade tenham qualidade de vida. O que contrasta com o conceito de dignidade oriundo de uma matriz filosófica tradicional. Sim, porque para a filosofia tradicional a natureza é objeto a serviço do bem comum da pessoa humana e, portanto, não tem dignidade nem é portadora de direitos.

Essa ideia de dignidade da humanidade e da natureza se contrapõe à própria construção moderna do Direito, concebido a partir de uma visão ocidental, que desconheceu por completo a pluralidade de ideias, de modos de vida e de compressão da relação homem/natureza, formadora do código de convivência das populações tradicionais com a terra, com os rios, com as matas, com o sistema que engloba todas as formas de vida do universo. Nesse campo, a filosofia tradicional categoricamente reconhece a natureza como objeto a serviço das luxúrias humanas e cuja degradação é admitida sem nenhum precedente. Assim compreende Francis Bacon (1984), preconizando que o conhecimento científico é capaz de dar à humanidade poder suficiente sobre a natureza, direcionando o caminho para o progresso social e o bem-estar da humanidade.

Na contramão dessa lógica é que surge na América Latina, na década de 1990, um importante estudo teórico, compreendido por Luciana Ballestrin (2013, p. 89) como "um movimento epistemológico fundamental para a renovação crítica [...] das ciências sociais [...] no século XXI". Reconhece o estudo que o processo de colonização latino-americano, para além de ter sido pautado na exclusão social, no *silenciamento* das vozes das populações tradicionais, indígenas, quilombolas entre outras, direcionou toda a construção jurídica, a começar pelas Constituições, ao fortalecimento de um modelo fortemente contaminado pela exclusão social. Essa razão ocidental de construir e reconhecer o direito foi denunciada por João Batista Herkenhoff, ao afirmar que o "Direito vigente é um direito conservador", no qual "as leis asseguram privilégios seculares, geração sobre geração, quando não criam privilégios" (HERKENHOFF, 1997, p. 35).

Catherine Walsh, Walter Mignolo e Álvaro García Linera (2017) realizaram um importante estudo sobre a necessidade de descolonização do Estado para a compressão da relação da humanidade com a natureza, e o que essa lógica pode resultar. Para os autores, o aspecto da interculturalidade é a peça fundamental na construção dessa razão inclusiva de direitos.

A ideia de interculturalidade, para os autores, está profundamente ligada à ideia de lugar e de espaço onde as lutas históricas dos povos indígenas e negros são reconhecidas como insumos na construção de um projeto social, cultural e político, que requer, para sua construção, um processo de descolonização e transformação. Dessa maneira, o conceito de "interculturalidade" "señala y significa procesos de construcción de reconocimientos 'otros', de una práctica política 'otra', de un poder social 'otro', y de una sociedad 'otra'; formas distintas de pensar y actuar [...] modernidad/colonialidad, uno paradigma que es pensado a través de la praxis política" (WALSH; MIGNOLO; LINERA, 2017, p. 17).

Em síntese, repensar os termos do modelo colonizador pelo processo de descolonização requer o reconhecimento: da imensa exclusão de um povo do contrato social originário; da diferença sobre a compreensão de mundo integralizado harmonicamente e fortalecido pelo sentimento de interdependência da humanidade com a natureza; e, por fim, da participação desses povos nos processos de decisão. Nesse sentido, para Rios, os povos indígenas, em sua convivência, exemplificam bem os aspectos da proteção da natureza "para esta e para as gerações futuras" (RIOS, 2020, p. 128).

Um segundo caminho, mas que a meu ver não exclui o primeiro, ao contrário, amplia-o, faz obrigatória conexão com os aspectos econômicos e dialoga com outros saberes, nomeadamente da população tradicional. Nesse sentido, têm-se contribuições teóricas de grande importância. Eduardo Gudynas (2019) relembra o reconhecimento histórico de que, para o Direito, a natureza é vista como coisa, objeto de apropriação econômica e, fazendo uma crítica à impossibilidade de conciliação entre mercado liberal e proteção ambiental, apresenta uma significativa alternativa que passa pela identificação dos valores da natureza, estéticos, religiosos, culturais e ecológicos, para, ao final, reconhecer que, sendo a natureza portadora de valores intrínsecos, se tem um rompimento com o antropocentrismo, abrindo possibilidades de, pela ética biocêntrica, rever as políticas públicas ambientais.

Alberto Acosta (2016), a partir de sua estupenda experiência no processo de reconhecimento constitucional dos Direitos da Natureza no Equador, trabalha a alternativa do "bem viver", fundada na vivência das comunidades indígenas equatorianas, que nos oferece caminhos de fortalecimento da direção ecocêntrica de saber, conhecer e promover a defesa da natureza portadora de direitos intrínsecos, cuja centralidade está na obrigatoriedade da participação das comunidades tradicionais no processo democrático, na constituição coletiva com força de decisão. Nesse sentido, lembra o autor que é preciso "aprender o caminho do inferno para dele se afastar" (ACOSTA, 2016, p. 37), referindo-se ao processo de colonização latino-americano, que teve o resultado nefasto do genocídio indígena, para se firmar e direcionar a construção e a realização (interpretação) do Direito.

"Bem viver", afirma o autor, "é um projeto libertador e tolerante, sem preconceitos nem dogmas. Um projeto que, ao haver somadas inúmeras histórias de luta, resistência e propostas de mudança, e ao nutrir-se de experiências existentes em muitas partes do planeta, coloca-se como ponto de partida para construir democraticamente sociedades democráticas" (ACOSTA, 2016, p. 37). Temos aqui mais uma alternativa que empodera a construção da lógica, paradigma ecológico que se realiza relendo o passado, construindo um presente que tem como tarefa irradiar o futuro aberto a outras possibilidades.

Por fim, é muito bom retornar a Leff para dizer que o autor aponta o instrumento da educação como peça fundamental para a formação de uma nova razão, a razão ecológica, porque é capaz de estabelecer um saber, saber ambiental, em "uma particular relação entre realidade e conhecimento, cuja meta principal é a construção de outra organização social, aberta a possibilidades, até então desmontadas pelo antropocentrismo, construída 'a partir do reconhecimento de potenciais ecológicos e tecnológicos [...] saberes culturais e o conhecimento científico da natureza na construção de uma nova racionalidade social'" (LEFF, 2008, p. 234).

Nessa paisagem, provocada pela realidade perversa de desproteção da natureza pela crise ambiental, combinada com o ressurgir de possibilidades de mudanças paradigmáticas, Sarlet e Fensterseifer (2019) reconhecem ser o Direito Constitucional e Ambiental espaços importantes na proteção do planeta e, para tanto, apostam na ideia de um direito constitucional ecológico com potencial para repensar e direcionar as políticas públicas ambientais como instrumento capaz de proteger a natureza. O ponto de partida dos autores é a crença de que o texto constitucional vigente desde 1988 contempla a dignidade humana e a dignidade da natureza e que, portanto, pelo instrumento da política pública ambiental, é possível se chegar à compreensão de que estamos diante de princípios harmônicos – dignidade humana e dignidade da natureza (SARLET; FENSTERSEIFER, 2019). Essa proposição não se concretiza pelo caminho antropocêntrico, porque este tem como dogma um desenvolvimento econômico que busca a própria sustentabilidade a qualquer custo. Ou seja, a centralidade está na hierarquia, no domínio do homem sobre a natureza, o que contradiz com os princípios ecológicos, com a harmonia e a complementaridade.

Contudo, todas as formulações, de um modo ou de outro, têm como premissa a crise ambiental em que o mundo chegou e sua incapacidade, pela razão mercadológica, de encontrar saídas para a continuidade de sobrevivência humana. E, nesse sentido, o Direito Ambiental, com seu arcabouço jurídico principiológico, encontra muita dificuldade de construção de alternativas por dentro do modelo de racionalidade antropocêntrica.

A condição para que tenhamos um direito constitucional ecológico vinculado ao possível afastamento da razão antropocêntrica requer, sem sombra de dúvidas, aceitar que as populações tradicionais sejam incluídas com seus saberes sobre a vida e a natureza no debate científico e prático e no processo de inclusão dos Direitos da Natureza nas Constituições, sejam elas nacionais ou municipais, e na construção e realização das políticas públicas ambientais. Abrir mão desse poder centralizador ocidental requer recuperar o próprio sentido do Direito.

O sentido próprio do Direito, na compreensão de Roberto Lyra Filho, referindo-se ao Direito antropocêntrico, "resulta aprisionado em um conjunto de normas estatais, isto é, de padrões de conduta impostos pelo Estado, com a ameaça de sanções organizadas" (LYRA FILHO, 1995, p. 9). Mais adiante, o mesmo autor nos brinda com a compreensão de que "Direito autêntico e global não pode ser isolado em campos de concentração legislativa, pois indica os princípios e normas libertadores, considerando a lei um simples acidente no processo jurídico, e que pode ou não transportar a melhores conquistas" (LYRA FILHO, 1995, p. 10).

Portanto, para que o Direito seja capaz de reconhecer a natureza portadora de direitos intrínsecos em seu sentido transdisciplinar, intercultural e pluralista, é preciso se abrir a um diálogo, sem hierarquia, com os sujeitos de direitos, de forma democrática e mais ampla possível, sem a previsão de controle dos resultados que serão assumidos por uma sociedade aberta a novas possibilidades, até então não contempladas pela dogmática jurídica.

Na mesma linha, Lassalle (2013) busca responder uma pergunta aparentemente simples, qual seja: o que é a Constituição? E chega à conclusão de que, sendo a Constituição lei fundamental, conhecida por todos, deverá ser irradiada através das leis complementares e, mais, quando escrita, corresponder à Constituição real, porque a ausência de correspondência com a realidade faz da Constituição escrita apenas uma folha de papel.

Por isso, temos dois caminhos em andamento e dos quais podemos participar. O caminho teórico, fruto de um esforço coletivo, em permanente diálogo com a interculturalidade e com os povos tradicionais que vêm gestando uma possível teoria geral dos direitos da natureza. O segundo vem sendo construído a partir da consciência de que tivemos um genocídio cultural no processo de colonização, a partir da resistência da população tradicional. Abrem-se possibilidades concretas de reconhecimento formal da natureza nos textos constitucionais democráticos. Do ponto de vista teórico, requer o fortalecimento do diálogo de saberes, a interculturalidade pela visão da tradicionalidade. Isso exige da parte da ciência a consciência de que tivemos um genocídio cultural no processo de colonização da América Latina.

Considerações finais

A pergunta diretora que permeou nossa memória neste ensaio versou sobre ser ou não possível os direitos da natureza serem reconhecidos e albergados pelo Direito. O caminho percorrido aponta para duas ideias centrais. A primeira é que o Direito, na forma como se construiu, não é capaz de reconhecer a natureza portadora de direitos. Isso porque a base sustentadora do Direito é a ideia de superioridade e consequente hierarquia entre o capital, a economia e a sociedade, que, nesse contexto, é reconhecida pelo seu potencial de consumo. Nessa lógica antropocêntrica, a natureza não passa de um objeto de apropriação humana para a mantença do estado mercadológico.

A segunda, a nosso ver inspiradora, é a ideia de que estamos construindo outra razão teórica e social, razão socioambiental/ecológica, cujas bases principais, norteadoras do caminho, são duas. A primeira é a tomada de consciência social de que a colonização latino-americana produziu um verdadeiro genocídio da população indígena exatamente pela sua resistência à servidão, resistência à morte de seus saberes, resistência a seu relacionamento de interdependência, complementaridade e harmonia com a natureza. E a segunda, marcada pela luta socioambiental da sociedade na busca de reconhecimento formal, nos textos constitucionais, dos direitos da natureza e, portanto, de sua dignidade. Essas lutas não são separadas, mas requerem esforços nos espaços acadêmicos teóricos e na luta social diária, na vida real.

Referências

ACOSTA, Alberto. *O bem viver*: uma oportunidade para imaginar outros futuros. Tradução de Tadeu Breda. São Paulo: Autonomia Literária, 2016.

ACOSTA, Alberto. O Chile reconhece os direitos da natureza. *Latinoamérica21*. 17 mar. 2022. Disponível em: https://latinoamerica21.com/br/o-chile-reconhece-os-direitos-da-natureza/. Acesso em: 31 mar. 2022.

BALLESTRIN, Luciana. América Latina e o giro decolonial. *Revista Brasileira de Ciência Política*, Brasília, n. 11, p. 89-117, maio/ago. 2013. Disponível em: https://periodicos.unb.br/index.php/rbcp/article/view/2069. Acesso em: 26 set. 2021.

BACON, Francis. *Novum Organum ou verdadeiras indicações acerca da interpretação da natureza*: Nova Atlântida. Tradução de Aluysio Reis de Andrade. São Paulo: Abril Cultural, 1984. (Os Pensadores).

BAUMAN, Zygmunt. *Modernidade líquida*. Rio de Janeiro: Jorge Zahar, 2000.

BRASIL. *Constituição da República Federativa do Brasil*. Disponível em: http://www.planalto.gov.br/ccivil_03/constituicao/constituicaocompilado.htm. Acesso em: 26 set. 2021.

BRASIL, Deilton Ribeiro; AMARAL, Carolina Furtado; PILÓ, Xenofontes Curvelo. O reconhecimento da natureza como sujeito de direitos nas Constituições do Equador e da Bolívia. *Revista de Direito Ambiental e Socioambientalismo*. Disponível em: https://www.indexlaw.org/index.php/Socioambientalismo/article/view/6405. Acesso em 28 set. 2021.

DUSSART, Bernard. Concepts et unités en écologie. *Encyclopédie de l'Ècologie*: le present em question. Paris: Librairie Larousse, 1997.

GUDYNAS, Eduardo. *Direitos da natureza*: ética biocêntrica e as políticas ambientais. São Paulo: Elefante, 2019.

HERKENHOFF, João Batista. *Direito e utopia*. 3. ed. Porto Alegre: Livraria do Advogado, 1997.

JONAS, Hans. *O princípio responsabilidade*: ensaio de uma ética para a civilização tecnológica. Rio de Janeiro: Contraponto, 1979.

KRENAK, Ailton. *Ideias para adiar o fim do mundo*. São Paulo: Companhia das Letras, 2019.

LACERDA, Luiz Felipe (Org.). *Direitos da natureza*: marcos para construção de uma teoria geral. São Leopoldo: Casa Leiria, 2020. Disponível em: https://bibliotecadigital.stf.jus.br/xmlui/handle/123456789/3386. Acesso em: 21 mar. 2022.

LASSALLE, Ferdinand. *A essência da Constituição*. Rio de Janeiro: Lumen Juris, 2013.

LEFF, Enrique. *Racionalidade ambiental*: a reapropriação social da natureza. Rio de Janeiro: Record, 2006.

LEFF, Enrique. *Saber ambiental*: sustentabilidade, racionalidade, complexidade, poder. Rio de Janeiro: Vozes, 2008.

LYRA FILHO, Roberto. *O que é o Direito*. São Paulo: Brasiliense, 1995.

MOREIRA NETO, Diogo de Figueiredo. *Introdução ao Direito Ecológico e ao Direito Urbanístico*. Rio de Janeiro: Forense, 1975.

PRIEUR, Michel. *Droit de l'environnement*. 6ᵉ edition. Paris: Dalloz, 2011.

RAMÓN, Fernández López. El derecho Ambiental como Derecho a la función de protección de los recursos naturales. *Cuaderno de Derecho Judicial*, XXVIII/125 a 147, 1994.

RIOS, Mariza. Tudo está interligado: o rio, a comunidade e a terra. In: LACERDA, Luiz Felipe (Org.). *Direitos da natureza*: marcos para construção de uma teoria geral. São Leopoldo: Casa Leiria, 2020. p. 113-130. Disponível em: http://www.casaleiria.com.br/acervo/olma/direitosda natureza/index.html. Acesso em: 28 set. 2021.

SANTOS, Boaventura de Sousa. *A crítica da razão indolente*: contra o desperdício da experiência. São Paulo: Cortez, 2000.

SANTOS, Boaventura de Sousa. *Reconhecer para libertar*: os caminhos do cosmopolitismo multicultural. Rio de Janeiro: Civilização Brasileira, 2003.

SARLET, Ingo Wolfgang; FENSTERSEIFER, Tiago. *Direito Constitucional Ecológico*: Constituição, direitos fundamentais e ecológicos. São Paulo: Thomson Reuters, 2019.

SARLET, Ingo Wolfgang; FENSTERSEIFER, Tiago. *Princípios do Direito Ambiental*. São Paulo: Saraiva, 2017.

SILVA, José Afonso da. *Direito Ambiental Constitucional*. 11. ed. atual. São Paulo: Malheiros, 2019.

WALSH, Catherine; MIGNOLO, Walter; LINERA Álvaro García. *Interculturalidad, descolonización del Estado y del conocimiento*. Buenos Aires: Ediciones del Signo, 2017.

Posfácio

Como já ressaltado na apresentação, o livro é uma fabulosa discussão desenvolvida pelo Grupo de Trabalho "Direitos Humanos e Justiça Ambiental", com participação de professores da FAJE (Faculdade Jesuíta de Filosofia e Teologia), da Dom Helder (Escola Superior Dom Helder Câmara) e da PUC MINAS (Pontifícia Universidade Católica de Minas Gerais).

Aqui, cabe apenas indicar que os textos desenvolvidos permitem ao leitor entender um pouco sobre "democracia", "ecodemocracia", "teologia pública" e "cidadania planetária", "meio ambiente e degradação", "bens comuns", "bem comum", e sobre a responsabilização dos agentes públicos e privados pelos excessos na utilização dos recursos ambientais e pelos danos provocados pela extração de recursos do meio ambiente.

Todos os textos merecem consideração e atenção detida do leitor.

Chamo a atenção para os temas que tratam da "ecodemocracia" e "cidadania planetária", pois inauguram assuntos importantes na ecologia e uma nova forma de compreender a dimensão política e a participação dos cidadãos no processo de desenvolvimento e proteção do meio ambiente.

A degradação ambiental transcende aos limites territoriais de cada país. A degradação ambiental realizada em um país pode trazer consequências para outros países e, portanto, as ações e omissões devem ser coordenadas e sistematizadas para respeitar a soberania estatal e a sobrevivência da humanidade. Esse é o desafio do novo milênio e que deve modificar profundamente as relações entre os países e seus cidadãos.

Os textos apresentados pelos autores são de profundidade acadêmica e de relevância para toda a comunidade. Há uma interdisciplinaridade entre o direito e a filosofia que é muito relevante e contribui para o pensamento do direito além da legalidade. Há contribuições e reflexões filosóficas e teológicas importantes sobre o "espaço público", a "teologia pública", os "bens comuns", "a crise ecológica e os riscos para a democracia" e "o cuidado e seu fundamento espiritual". Considerações essas que nos levam à reflexão sobre a crise que enfrentamos e sobre as possibilidades de rupturas políticas.

O livro *Ecologia e democracia* faz uma relação indispensável entre a necessidade de proteção de nosso espaço físico e de sobrevivência e a democracia essencial para que todos possam conviver de forma harmônica e deliberativa. Paralelamente, aponta riscos para todos que não observarem uma cidadania planetária nem respeitarem o espaço público de convivência. Estamos enfrentando um dos maiores dilemas do século XXI e que poderá ser o diferencial da existência humana nos próximos anos.

O livro é recomendado pelos temas e pelos autores que o escreveram.

Prof. Dr. Carlos Henrique Soares
Professor da ESDHC e PUC MINAS.

Sobre os autores e autoras

Afonso Tadeu Murad

Doutor em Teologia pela Pontifícia Universidade Gregoriana de Roma, Itália. MBA em Gestão e Tecnologias Ambientais pela USP. Pós--doutor em Ecoteologia pela PUC-RS. Pesquisador e professor de Teologia na FAJE. Coordenador do subgrupo "Ecoteologia, religião e consciência planetária", do Grupo de Pesquisa "Fé e contemporaneidade: os impactos da sociedade moderna e pós-moderna sobre a fé cristã", da FAJE. Ambientalista, coordena o programa de rádio "Ecoagente – Amigo da Terra", de educação ambiental. Bolsista de Produtividade em Pesquisa do CNPq.

Carlos Alberto Motta Cunha

Doutor em Teologia. Pós-doutor em Teologia Sistemática pela FAJE. Professor adjunto no Departamento de Teologia e de Cultura Religiosa da PUC Minas. Professor no ISTA. Coordenador do Grupo de Pesquisa "Teologia e contemporaneidade" (PUC Minas – CNPq) e pesquisador do Grupo de Pesquisa "Fé e contemporaneidade" (FAJE – CNPq).

Carlos Henrique Soares

Advogado e diretor da PDSC Advogados. Doutor e mestre em Direito Processual Civil – PUC Minas. Professor de graduação (PUC Minas – Dom Helder Câmara) e pós-graduação. Escritor e palestrante.

Cláudia Maria Rocha de Oliveira

Doutora em Filosofia pela Pontifícia Universidade Gregoriana de Roma, Itália. Professora adjunta e pesquisadora da Faculdade Jesuíta de Filosofia e Teologia. Coordenadora do Programa de Pós-graduação em Filosofia da Faculdade Jesuíta de Filosofia e Teologia. Líder do Grupo de Pesquisa "Estudos Vazianos" e membro do Grupo de Pesquisa "Desafios para uma ética contemporânea" (FAJE).

Elton Vitoriano Ribeiro, sj

Professor de Filosofia (graduação e pós-graduação) na FAJE. Graduado em Filosofia e Teologia pela FAJE, mestre em Filosofia pela PUC-Rio e doutor em Filosofia pela Pontifícia Universidade Gregoriana de Roma, Itália. Pesquisador na área de Ética Filosófica (Justiça, Virtudes e Reconhecimento) e Hermenêutica Filosófica. É membro da "Equipo Jesuita Latinoamericano de Reflexión Filosófica". Coordenador do Grupo de Pesquisa "Desafios para uma ética contemporânea". Reitor da FAJE.

Émilien Vilas Boas Reis

Pós-doutor em Filosofia pela Faculdade de Letras da Universidade do Porto, Portugal (FLUP/Portugal). Graduado em Filosofia pela UFMG, mestre e doutor em Filosofia pela PUC-RS. Professor de Filosofia e Filosofia do Direito da graduação, do mestrado e do doutorado em Direito Ambiental e Desenvolvimento Sustentável da Escola Superior Dom Helder Câmara, Belo Horizonte/MG, Brasil. Líder do Grupo de Pesquisa (cadastrado no CNPQ) "Por uma justiça ambiental: estudos de Filosofia do Ambiente e de Ética Ambiental para um novo Direito Ambiental".

Leopoldo Santiago Pastrana Mazón

Missionário do Espírito Santo. Graduado em Filosofia pelo Instituto de Filosofia do México (IFFIM). Bacharel em Teologia pela FAJE. Elaborou o trabalho de iniciação científica sobre os Bens Comuns, orientado pelo prof. Afonso Murad.

Marcelo Antônio Rocha

Bacharel, especialista e mestre em Filosofia pela Universidade Federal de Minas Gerais (UFMG). Bacharel em Direito pela Escola Superior Dom Helder Câmara (ESDHC). Professor da graduação em Direito da ESDHC e membro do Grupo de Pesquisa "Por uma justiça ambiental: estudos de Filosofia do Ambiente e de Ética Ambiental para um novo Direito Ambiental".

Mariza Rios

Doutora em Direito pela Universidade Complutense de Madrid, Espanha. Mestra em Direito pela UNB. Professora de Direitos Humanos e Políticas Públicas na Escola Superior Dom Helder Câmara. Professora do mestrado e doutorado (PPGD) em Direito Ambiental e Desenvolvimento Sustentável da Dom Helder. Advogada. Pesquisadora no campo dos Direitos da Natureza e dos Direitos Humanos e da Jurisdição e Adoção de Políticas Públicas de Desenvolvimento Socioeconômico Sustentável. Associada ao grupo "Global Law Comparative Group: Economics, Biocentrism Innovation and Governance in the Anthropocene World" e membro do Grupo de Pesquisa "PPGCS – UNISINOS: Transdisciplinaridade, Ecologia Integral e Justiça Socioambiental".

Túlio Campos

Professor de Educação Física da Escola de Educação Básica e Profissional da UFMG – Centro Pedagógico. Doutor em Educação pela Faculdade de Educação da UFMG, na linha de pesquisa Infância e Educação Infantil (2019). Mestre em Lazer pela UFMG (2010). Licenciado em Educação Física pela Universidade Federal de Minas Gerais (2007). Membro do Coletivo Geral Infâncias.

Índice onomástico

A
Acosta, Alberto 170, 183
Albó, Xavier 109
Aquino, Tomás de 48
Assis, Francisco de 35, 51, 55

B
Bacon, Francis 181
Ballestrin, Luciana 181
Bauman, Zigmunt 153, 171, 172
Boden, Margaret 115
Boff, Leonardo 34, 58, 72, 73
Brêtas, Ronaldo 137, 138
Brundtland, Gro Harlem 78
Brunelli, Delir 54

C
Caldeira, Teresa 152
Canotilho, José Joaquim Gomes 129
Capra, Fritjof 106
Castro, Lúcia Rabello 157
Charney, Leo 149
Chauí, Marilena 29

Christensen, Pia 163
Cordeiro Leal, André 139
Couture, Eduardo 126
Cristo, Jesus 53, 55, 60, 100, 101, 103, 105
Crusoé, Robinson 42
Cunha, Carlos 9

D
Dardot, Pierre 40
Darwin, Charles 47
Debortoli, José Alfredo Oliveira 158
Devall, Bill 83
Dinamarco, Cândido Rangel 143

F
Fazzalari, Elio 143
Fensterseifer, Tiago 179, 184
Fischer, Mark 34
Francisco, Papa 13, 34, 35, 36, 40, 50, 51, 52, 53, 55, 60, 62, 63

G
Gastal, Susana 150
Gomes, Ana Maria 153

Gouvêa, Maria Cristina Soares 153
Greco, Leonardo 127, 128
Gudynas, Eduardo 182

H

Habermas, Jürgen 22, 23, 24, 25, 26, 103, 129, 133, 134, 135, 139, 142
Harvey, David 154
Herkenhoff, João Batista 181
Hobbes, Thomas 42

J

Jacobs, Jane 151
João Paulo II, Papa 49
João XXIII, Papa 49
Jonas, Hans 170

K

Kant, Immanuel 18
Klein, Franz 126
Kopnina, Helen 34

L

Lansky, Samy 153
Lassalle, Ferdinand 185
Laval, Christian 40
Leal, Rosemiro Pereira 137, 138, 140, 142, 143, 144
Leão XIII, Papa 49
Lefebvre, Henri 150, 154
Leff, Enrique 170, 173, 174, 177, 179, 183
Lima Vaz, Henrique Cláudio de 17
Linera, Álvaro Garcia 181

Locke, John 42
Lucas, Apóstolo 36, 59
Lutero, Martinho 112
Lyra Filho, Roberto 185

M

MacIntyre, Alasdair 21
Magnani, José Guilherme Cantor 153
Maritain, Jacques 17
Martins, Maria de Fátima 158
Martins, Sérgio 158
Mignolo, Walter 181
Moltmann, Jürgen 103, 104
Moore, Walter 33
Morin, Edgar 104, 105
Müller, Fernanda 148
Mumford, Lewis 150
Murad, Afonso 9

N

Naess, Arne 47
Neto, Diogo de Figueiredo Moreira 170
Nunes, Brasilmar Ferreira 148
Nunes, Dierle 126

O

O'Murchu, Diarmuid 104

P

Paulo, Apóstolo 101
Pio XI, Papa 49
Popper, Karl 144
Prout, Alan 162, 163

R

Regan, Tom 86
Ribeiro, Renato Janine 18, 19
Ricoeur, Paul 12
Rios, Mariza 182
Rousseau, Jean-Jacques 42

S

Santos, Boaventura de Sousa 171, 172, 175
Sarlet, Ingo Wolfgang 179, 184
Sarmento, Manuel Jacinto 148, 155, 156, 157, 159
Schwartz, Vanessa 149
Sessions, George 47, 83
Shiva, Vandana 47

Silva, José Afonso da 175, 179
Simmel, Georg 151, 153
Singer, Peter 79, 80, 81, 82, 83
Sinner, Rudolf von 112
Smit, Dirk 103

T

Tavares, Sinivaldo 9
Taylor, Charles 20, 21, 23
Tillich, Paul 113, 114
Tonucci, Francesco 161
Tracy, David 103, 104

W

Walsh, Catherine 181

Rua Dona Inácia Uchoa, 62
04110-020 – São Paulo – SP (Brasil)
Tel.: (11) 2125-3500
http://www.paulinas.com.br – editora@paulinas.com.br
Telemarketing e SAC: 0800-7010081